乡村振兴新IP

陈琼 ◎ 编著

当代中国出版社
Contemporary China Publishing House

图书在版编目(CIP)数据

乡村振兴新IP / 陈琼编著. -- 北京：当代中国出版社，2023.6
ISBN 978-7-5154-1270-2

Ⅰ.①乡… Ⅱ.①陈… Ⅲ.①农村—社会主义建设—研究—中国 Ⅳ.①F320.3

中国国家版本馆CIP数据核字(2023)第106050号

出 版 人	冀祥德
责任编辑	陈 莎 周显亮
策划支持	华夏智库•张 杰
责任校对	康 莹
出版统筹	周海霞
封面设计	回归线视觉传达
出版发行	当代中国出版社
地　　址	北京市地安门西大街旌勇里8号
网　　址	http://www.ddzg.net
邮政编码	100009
编 辑 部	(010) 66572180
市 场 部	(010) 66572281　66572157
印　　刷	香河县宏润印刷有限公司
开　　本	710毫米×1000毫米　1/16
印　　张	14.5印张　220千字
版　　次	2023年6月第1版
印　　次	2023年6月第1次印刷
定　　价	78.00元

版权所有，翻版必究；如有印装质量问题，请拨打（010）66572159 联系出版部调换。

前言

2021年11月8日—11日,中国共产党第十九届中央委员会第六次全体会议在北京召开。这次会议是当今世界正经历百年未有之大变局、我国正处于"两个一百年"奋斗目标的历史交汇点上,召开的一次重要会议。

此次会议明确了中国特色社会主义进入新时代,中华民族迎来了从站起来、富起来到强起来的伟大飞跃。而党的十九大明确了新时代我国社会主要矛盾是人民日益增长的美好生活需要和不平衡不充分的发展之间的矛盾。某种意义上讲,当前发展最不平衡的是城乡发展不平衡,最不充分的是乡村发展不充分。

每年春节前,关于进城务工人员集中返乡的报道都会登上报刊,当前户籍在农村的人口有8亿多,农村常住人口有5亿,也就是说有3亿多人在外打工,这些打工的人多是青壮年,他们几乎常年不在农村,只有在过年的时候才会回家乡看望父母和孩子。这导致了农村不少地方都缺乏生机和活力,留守在农村的大多是老人和孩子,"空心化"是当前农村的显著特征。这一现象鲜明地反映出乡村发展不平衡、不充分的问题,同时也反映了国家可持续性发展的农业基层管理人才、农业绿色现代化发展科技人才、未来大计、农村孩子培养综合教育人才以及人文环境需求问题!

由于我国农业人口众多,乡村振兴无疑是国家未来发展经济战略的重要部分,因此我们要从乡村核心IP价值,包括人文历史、民俗特色、区位优势、环境特点等方面加强优势深化，推进科技农业、产农融合、人力资源、人才培养、科技教育、儿童教育、艺术陶冶、国学智慧、和谐环境、公益影响等，从而实现低碳、绿色、科技、和谐幸福的美丽乡村，助力国家未来发展及国际竞争！因此农村当下人力资源的高效运用和培养，以及孩子未来培养，对国家当下和未来发展，都至关重要！

党的十九大报告指出，农业农村农民问题是关系国计民生的根本性问题，必须始终把解决好"三农"问题作为全党工作的重中之重，实施乡村振兴战略。这是因为实施乡村振兴战略是解决新时代我国社会主要矛盾的迫切要求。

然而，长期以来，我国乡村青壮年、优质人才持续流向城市，导致乡村人才总量不足、素质不高、结构失衡、老龄化严重等问题非常突出，乡村人才总体发展水平与乡村振兴的要求之间还存在着较大差距。因此，要实施乡村振兴战略，提高乡村人才总体发展水平是关键。

农业农村现代化是实施乡村振兴战略的总目标，倘若农业农村没有实现现代化，国家的现代化就无从谈起。人才振兴是乡村振兴的重要纬度和关键一环，必须从根本上树立"人才是第一资源"的理念，充分认识到农民才是乡村振兴的主体，一定要创新乡村人才工作体制机制，激发乡村现有人才的活力，吸引更多的城市人才去乡村创新创业，从而为加快农业农村现代化提供坚实的人才支撑。

总之，实施乡村振兴战略是解决新时代我国社会主要矛盾、实现"两个一百年"奋斗目标和实现中华民族伟大复兴中国梦的必然要求，而实施乡村振兴战略，又必须破解人才瓶颈制约。

本书从乡村振兴战略、乡村振兴蓝图、组织振兴、产业振兴、人才振兴、文化振兴、生态振兴、思想振兴、艺术振兴、公益振兴十个方面，全面阐述乡村振兴。广大党员干部通过阅读此书，能够对乡村振兴有一个全面、科学的认识，对增强全面推进乡村振兴的责任感、紧迫感，明确乡村振兴的任务，具有积极的指导意义。

目录

第一章　乡村振兴战略：关乎国计民生的大事

　　解读乡村振兴战略 /2

　　乡村振兴战略的时代意义 /8

　　乡村振兴就是新农村建设吗 /11

　　实施乡村振兴战略，破解"三农"问题 /15

　　全面建成小康社会的"短板"是农村 /18

　　农村全面改革，力促城乡一体化发展新格局 /22

第二章　乡村振兴蓝图：走向共同富裕之路

　　从脱贫攻坚走向乡村振兴 /28

　　乡村振兴是实现共同富裕的必经之路 /31

　　深层次多元文化融合助力乡村振兴 /37

　　因地制宜绘就乡村振兴"千村千面" /40

　　新经济战略为乡村振兴添薪助力 /43

　　第二个百年战略与乡村振兴布局 /46

第三章　组织振兴：乡村振兴的动力引擎

　　组织兴，则乡村兴；组织强，则乡村强 /50

促进自治、法治、德治有机结合 /53

夯实基层政权 /56

加强党建助力乡村振兴 /59

推进组织振兴，必须选好支书带好路 /62

农村党支部是乡村振兴的桥头堡 /65

第四章 产业振兴：乡村振兴的重中之重

乡村振兴，产业先行 /70

乡村产业发展存在哪些难题 /73

促进乡村产业发展的政策思路 /76

中国乡村产业发展的多元化特征 /80

乡村产业发展的模式 /84

我国乡村产业发展的机遇与挑战 /88

第五章 人才振兴：乡村振兴的重要基石

乡村人才振兴的重要战略地位 /92

乡村人才振兴的"两难"问题 /95

乡村振兴需要哪类人才 /98

加快人才培养，助力新农村建设 /103

大力发展农村职业教育 /106

引凤归巢，助力游子回乡 /109

第六章 文化振兴：乡村振兴之魂

文化振兴是乡村振兴的灵魂 /114

教育：为乡村振兴培养未来力量 /117

　　加强乡风文明建设 /120

　　加强农村思想道德建设 /123

　　弘扬中华优秀传统文化 /127

　　丰富乡村文化生活 /130

　　"非遗"+乡村振兴，一举两得 /133

第七章　生态振兴：功在当代，利在千秋

　　生态宜居是乡村振兴的关键 /138

　　推进农业绿色发展 /141

　　加强乡村生态保护与修复 /145

　　积极推进农业循环化发展 /148

　　开展农业环境污染综合整治 /152

　　开展农村环境污染综合治理 /156

第八章　思想振兴：提升农民幸福感

　　思想强农与乡村振兴的关系 /160

　　转变思想观念，推进乡村振兴 /163

　　发挥思想政治教育的重要作用 /166

　　加强农民思想教育工作的方法 /170

　　学习红色文化，助力农村振兴发展 /173

　　关注农村教育，提高农村教育质量 /176

第九章 艺术振兴：复兴传统文化的重要力量

艺术是科学创造的源泉 /180

用艺术"唤醒"乡村魅力 /183

艺术赋能，引领乡村振兴 /186

艺术参与农村建设的模式 /189

加强农村的艺术氛围打造 /192

乡村传统手工艺的传承与发展 /195

开展农村艺术文化活动 /198

第十章 公益振兴：凝聚人心，汇聚力量

推进农村公益事业建设，助力乡村振兴 /202

开展公益活动，重视社会责任及担当培养 /206

用好乡村公益性岗位 /209

关爱留守儿童 /213

农村公益教育发展的途径 /216

开展助农公益活动 /219

第一章

乡村振兴战略：关乎国计民生的大事

解读乡村振兴战略

乡村振兴战略是在党的十九大报告中提出来的战略。十九大报告指出:"实施乡村振兴战略。农业农村农民问题是关系国计民生的根本性问题,必须始终把解决好'三农'问题作为全党工作重中之重。"①

一、乡村振兴战略的内涵

当前,乡村面临的老龄化、空心化、部分乡村凋敝现象日益严峻,乡村的发展速度、发展质量都不及城市,并且乡村发展过程中存在的问题也更加突出,乡村发展一直是我国社会发展的短板。在这样的背景下,乡村振兴战略应运而生。

乡村是具有自然、社会、经济特征的地域综合体,具有生产、生态、生活、文化等功能,乡村与城镇共同构成人类活动的主要空间。乡村的兴衰与国家的兴衰紧密相连,人民日益增长的美好生活需要和不平衡不充分的发展之间的矛盾在乡村尤为突出。当前我国仍处于并将长期处于社会主义初级阶段,该阶段

---

① 习近平:《决胜全面建成小康社会 夺取新时代中国特色社会主义伟大胜利——在中国共产党第十九次全国代表大会上的报告》(2017年10月18日),人民网,2017年10月28日。

的特征在很大程度上体现在农村。

因此,"决胜全面建成小康社会、进而全面建设社会主义现代化强国"的关键在乡村,"农业兴则基础牢,农村稳则天下安,农民富则国家盛"。总之,全面建设小康社会,建设现代化强国,以及实现中华民族的伟大复兴,都与乡村振兴息息相关。

二、乡村振兴战略的目标

2017年,党的十九大报告中提出,要"按照产业兴旺、生态宜居、乡风文明、治理有效、生活富裕的总要求"[①]实施乡村振兴战略,这一要求也是乡村振兴的战略目标。从历史发展的角度来看,乡村振兴的战略目标更高远,也更艰巨,其主要表现为以下五个方面,这五个方面组成一个统一的有机整体。

1. 产业兴旺

产业兴旺是乡村振兴的重中之重。

产业兴旺,是党的基本路线的直接要求。乡村振兴战略的总要求,是整个国家五大建设在农业农村发展中的具体体现。关于整个国家的发展战略,党的十九大再次明确强调,以经济建设为中心,统筹推进五大建设。以经济建设为中心,是我国改革开放以来最关键的改革起点标志和目标方向,是党的基本路线的要求。乡村振兴战略中,把产业兴旺放在首位,就是体现以经济建设为中心,落实党的基本路线。

产业兴旺,是国家发展全局的重大要求。产业兴旺首要就是让农业兴旺。民以食为天,对于国家发展的全局来说,如何满足人民日益增长的美好食物需

---

① 习近平:《决胜全面建成小康社会 夺取新时代中国特色社会主义伟大胜利——在中国共产党第十九次全国代表大会上的报告》(2017年10月18日),人民网,2017年10月28日。

要，是基本要求，也是重大挑战。

产业兴旺，是农民的迫切要求。对于农民来说，产业兴旺最大最直接的意义，是解决两大问题：就业和收入。对于农村而言，农业收入仍然占据重要地位，尤其是对仍然留在农村里的人来说，是最重要的收入。

产业兴旺，对于乡村振兴的其他方面也有重要促进作用。产业兴旺，会促进生态宜居。产业兴旺，有助于乡风文明。产业兴旺，有利于乡村的有效治理。产业兴旺，直接推动生活富裕。

2. 生态宜居

生态宜居是乡村振兴的关键。在建设"美丽乡村"的基础上，要加强乡村生活环境与生态文明建设，调整产业结构，使乡村的自然风貌得以保存，建设生态宜居的乡村。

3. 乡风文明

乡风文明是乡村振兴的灵魂。乡风文明主要是指乡村居民所具有的积极、健康、向上的社会风气与精神风貌。在乡村振兴战略的实施过程中，要传承和发展中华民族的优良传统文化，培育社会主义核心价值观，使乡风文明成为乡村发展的软实力。

4. 治理有效

治理有效是乡村振兴的根基。乡村治理的关键是推进农村基层治理规范化、法治化和制度化，因此应建立健全自治、德治、法治三者相结合的乡村治理体系。

5. 生活富裕

推动生活富裕，实现乡村振兴，要帮助农村拓宽增收渠道，让农民增收致富，对农民进行就业指导，摆脱贫困，实现共同富裕。

三、乡村振兴战略路径

乡村振兴的战略路径不仅清晰,而且系统,主要路径包括坚持农业农村优先发展,建立健全城乡融合发展体制机制与政策体系,以及加快推进农业农村现代化。

1. 坚持农业农村优先发展

实施乡村振兴战略,首先应坚持农业农村优先发展。在党的十九大报告中,特别强调教育、农业农村以及就业是必须坚持优先发展的事业,在三者之中,教育与就业的优先发展又包含了农村教育和农民就业的优先发展。①

总之,在全面建成小康社会、建设社会主义现代化强国的过程中,始终要把农业和农村工作放在第一位,无论何时,都不能忘记农民,忽视农业。

2. 建立健全城乡融合发展体制机制与政策体系

在城乡融合发展的过程中,要建立健全相关体制机制和政策体系。首先,在体制机制方面,要巩固与完善农村基本经营制度,完善承包地"三权"分置制度、农业支持保护制度,深化农村土地制度改革,深化农村集体产权制度改革。

其次,在政策体系方面,强调要"保持土地承包关系稳定并长久不变,第二轮土地承包到期后再延长三十年"。

这些制度性及政策体系问题的战略决策,不仅为乡村的振兴明确了方向,也让农民心里更踏实。

3. 加快推进农业农村现代化

党的十九大提出乡村振兴战略,特别强调要"加快推进农业农村现代化"。在现代化行列中加入"农业农村"四字,体现了国家对解决好"三农"问题的

---

① 参见习近平:《决胜全面建成小康社会 夺取新时代中国特色社会主义伟大胜利——在中国共产党第十九次全国代表大会上的报告》(2017年10月18日),人民网,2017年10月28日。

重视程度，农民是农业和农村的主体，农业农村现代化的实质是农民的现代化。

四、乡村振兴战略的实施路径

根据党的十九大报告提出的乡村振兴战略的方针、要求、思路和目标，结合乡村实际情况，乡村振兴战略主要在产业、文化、人才、生态、组织这五方面实施振兴：

1. 实施产业振兴，构筑乡村振兴的动力支撑

实现乡村振兴的关键在于构建具有中国特色的乡村产业体系。中国特色乡村产业体系以农业现代化产业体系为核心。重点实施农业品牌化战略、农业绿色化战略、农业适度规模化战略、产业融合化战略，以乡村丰富的生态、文化等资源为依托，以信息化和科技化的手段为支撑，打造一批具有各地特色的生态产业、文化产业等。

2. 实施文化振兴，构筑乡村振兴的核心灵魂

乡村文化振兴要从乡村的传统文明与社会主义先进文化的结合着手，一方面要坚持和弘扬乡村优秀传统文化，另一方要培育和发展现代乡村文化，支持、鼓励和引导农村自主文化组织的发展，支持农民开展文化娱乐活动。要推进乡村互联网建设，为农民提供丰富的网络文化产品。

3. 实施人才振兴，培养乡村振兴的关键力量

政府必须加大对乡村教育的投资，完善和升级乡村教育基础设施。一方面，要提升乡村教育人才队伍的素质，办好农村基础教育。另一方面，要发展乡村职业教育，培育职业农民。要鼓励"三农"学者到农村去，到田间地头手把手地对农民进行教学。要鼓励农民到学堂去，让农民进入农业院校进行定期培训。要加强农民的职业考核，逐步实现农业生产者的职业化。

4. 实施生态振兴，构筑乡村振兴的绿色支撑

山清水秀、天蓝地绿、村美人和的美丽乡村，是保障农民基本身体健康的关键，也是广大农民基本的民生福祉。实施生态振兴，可以从这几个方面着手：进行观念革命，倡导绿色生活方式，打造绿色产业体系，改善农村人居环境，构筑绿色政策体系。将绿色GDP纳入乡村振兴考核体系，建立生态环境损害责任终身追究制，构筑农村自然资源资产的离任审计制度。要加快完善自然资源产权制度体系，建立市场化、多元化的生态补偿机制，调动全社会节约自然资源、保护农村生态环境的积极性。

5. 实施组织振兴，筑牢乡村振兴的坚强堡垒

乡村组织的虚化、弱化和边缘化，让乡村振兴难以形成强大的凝聚力。乡村振兴战略要解决政策落地"最后一公里"的难题，就必须构建起乡村振兴的坚强堡垒。一是强化基层党组织建设，保障党和国家政策落地；二是强化农村集体经济组织建设，壮大农村集体经济，积极引导农民走共同富裕的道路；三是引导和扶持社会组织建设；四是引导和扶持农民自治组织，通过人民群众易于接受的方式，教育和引导群众进行自我管理、自我教育、自我服务。

五、实施乡村振兴战略的时间表

按照党的十九大提出的决胜全面建成小康社会、分两个阶段实现第二个百年奋斗目标的战略部署，中央农村工作会议明确了实施乡村振兴战略的目标任务，实行"三步走"的策略。

第一步，到2020年，乡村振兴取得重要进展，制度框架和政策体系基本形成。

第二步，到2035年，乡村振兴取得决定性进展，农业农村现代化基本实现。

第三步，到2050年，乡村全面振兴，"农业强、农村美、农民富"的目标全面实现。

乡村振兴战略的时代意义

党的十九大报告将乡村振兴战略作为党和国家重大战略。乡村振兴战略是在中国特色社会主义进入新时代、我国社会主要矛盾发生新变化的基础上，提出的一项重大战略决策，具有重大的时代意义。

一、乡村振兴具有全局性与历史性意义

对于全面建设社会主义现代化国家、实现第二个百年奋斗目标而言，乡村振兴战略具有全局性和历史性意义。

没有农业现代化，没有农村的繁荣富强和农民的安居乐业，就没有整个国家的现代化。在现代化的进程中，如何处理好城乡关系、工农关系，直接关乎现代化的成败。

从世界各国现代化历史看，随着工业化与城市化的发展，乡村走向了没落，无数农民涌入城市，甚至造成了社会动荡。我国要吸取他国的经验教训，不能让发生在他国的悲剧在我国重演，一定要使城乡发展实现优势互补、融合发展。

从新中国成立后城乡发展的历史来看，我国是在农业农村支持的基础上建

立起较为完整的工业体系和国民经济体系，农民在推进工业化、城镇化进程中作出了巨大的贡献。如今我国处于处理城乡关系、工农关系的关键时期，城乡发展不平衡和农村发展不充分是我国发展最大的不平衡和最大的不充分，乡村振兴战略是从全局和战略高度解决这两大发展问题的重要举措。

如今，乡村振兴战略已经实施了五年多。从这几年的实践来看，通过一二三产业融合发展实现了农业的转型升级与提质增效；通过产业扶贫和乡村振兴相结合，使社会民生得到极大改善；通过践行"绿水青山就是金山银山"的"两山"理论，推进了产业绿色化和绿色产业化，促进了生态农业的发展；通过"互联网+现代农业"，让电子商务走进了农村，为农业的发展增添助力；通过壮大乡村集体经济，促进了乡村产业的可持续发展。这些实践都已经取得良好的经济效益和社会效益，农村的发展和农民的生活发生了日新月异的变化。

二、乡村振兴战略具有重大理论和现实意义

当前，我国社会的主要矛盾是人民日益增长的美好生活需要和不平衡不充分的发展之间的矛盾，乡村振兴战略对于解决新时代我国社会主要矛盾具有重大理论与现实意义。

乡村经济处于经济发展的末端，经济要素仍然高度集中在大城市，农村转型升级面临基础设施、人才支撑、金融环境等因素的制约，成为乡村振兴的障碍。

为此，国家采取了一系列措施扶持、推动"工业反哺农业，城市支持农村"。乡村振兴战略的提出，就是为了从根本上解决当前我国社会主要矛盾，实现工业化、城镇化、农业产业化、信息化的同步发展，促进城乡融合与可持续发展。

总之，中国共产党始终坚持以人民为中心，把人民放在心中最高位置，让广大农民有幸福感、安全感，实现共同富裕，这是实现我党宗旨和社会主义的本质要求。若是在实现现代化的过程中，将农村、农民抛弃，一边是繁荣的城市，一边是落后的农村，这既不符合我党的执政宗旨，也违背了社会主义的本质要求。

三、乡村振兴战略有利于弘扬中华优秀传统文化

改革开放40多年来，我国一直在探索乡村建设的发展之路，中国特色乡村振兴之路是符合我国国情的顶层设计，它具有创新性的实践意义。

我国经历了数千年的农业社会，创造了灿烂的农耕文明，历史沉淀下来的优秀传统文化需要依靠乡村社会的传承，也就是说，我国传统文化是一种乡土文化，中华文明的根脉在乡村，如乡土、乡情、乡景、乡音、乡邻等，是我国乡土文化的重要组成部分。实施乡村振兴战略就是在弘扬中华优秀传统文化，在为我国的传统文化铸魂。

随着城市化进程的加快，大量进城务工人员涌入城市，农村空心化日益严重，乡村文化主体和文化生态面临严峻的挑战。乡村文化振兴既有利于解决城乡文化地位的不均等、文化产业发展不充分、文化公共服务供给不平衡等问题，也有利于继承、弘扬、振兴乡村传统美德，使中华文化的精髓得以延续与传承，让中华民族的精神血脉、精神品格绵延发展，成为乡村振兴战略强大的精神之源。

乡村振兴就是新农村建设吗

乡村振兴战略是在党的十九大报告中提出的，通过之前的讲解，我们对乡村振兴战略有了一定的了解，那么什么是新农村建设呢？

新农村建设一般是指社会主义新农村建设，是在社会主义制度下，按照新时代的要求，对农村进行经济、政治、文化和社会等方面的建设，最终实现建设经济繁荣、设施完善、环境优美、文明和谐的社会主义新农村的目标。

2005年，党的十六届五中全会通过了《中共中央关于制定国民经济和社会发展第十一个五年规划的建议》，提出"要按照生产发展、生活宽裕、乡风文明、村容整洁、管理民主的要求"，扎实推进社会主义新农村建设，即新农村的经济建设、新农村的政治建设、新农村的社会建设、新农村的文化建设。[①]

新农村的经济建设主要是指在全面发展农村生产的基础上，建立农民增收长效机制，千方百计地增加农民收入；新农村的政治建设主要是指在加强农民民主素质教育的基础上，加强农村基层民主制度建设和农村法制建设；新农村

---

① 参见《中共中央第十六届五中全会公报》，新华社，2005年10月11日。

的社会建设主要是指在加大公共财政对农村公共事业投入的基础上，进一步发展农村义务教育与职业教育，加强农村医疗卫生体系建设，建立与完善农村社会保障制度；新农村的文化建设主要是指在加强农村公共文化建设的基础上，开展农村地方特色的群众文化活动。

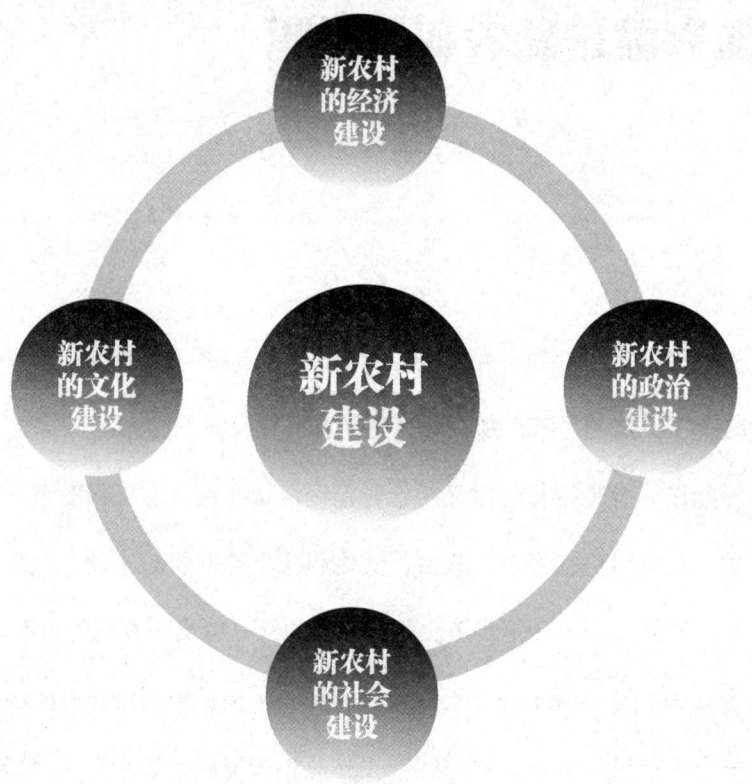

图 1-1　新农村建设

通过学习新农村建设的含义，我们会发现乡村振兴战略与新农村建设两者存在着交叉，但也存在着不同，不同之处主要表现在以下三个方面：

第一，两者的地域范围不同。新农村建设的侧重点在于村，而乡村振兴战略的地域范围不仅包括村，还包括乡镇。

第二，两者的主体性不同。新农村建设只涉及农民与国家两大主体，乡村振兴战略更强调乡村多主体的作用,其主体包括国家、农民、企业、银行、市民等。

第三,两者的内容不同。新农村建设侧重建设与产业,乡村振兴战略则涉及经济建设、政治建设、文化建设、社会建设和生态文明建设,"五位一体"。

那么,乡村振兴战略是新农村建设的"升级版"吗?首先,从时间上看,从2005年党中央提出社会主义新农村建设以来,截至党的十九大,已经实施了12年,十九大提出和实施乡村振兴战略,无疑是对新农村建设的"升级版"要求。这体现了国家政策的连续性。新中国成立后,农村经历了合作化、人民公社、责任制等阶段,政策的变化较大,即使在改革开放以后,一些地方在执行党的农村政策时,依然出现了朝令夕改的情况,政策的不连续性、不稳定性让农民没有安全感,不利于调动农民的积极性,同时也在一定程度上影响了政府的形象。

其次,从内容上来看,乡村振兴战略与新农村建设相比,内涵和外延都有较大的提升。新农村建设的基本要求是"生产发展、生活宽裕、乡风文明、村容整洁、管理民主",而乡村振兴战略的总要求是"产业兴旺、生态宜居、乡风文明、治理有效、生活富裕"。

"产业兴旺"代替"生产发展",突出了产业发展的重要性,尤其突出新产业、新业态发展的重要性以及一二三产业的融合发展;"生态宜居"代替"村容整洁",突出了生态文明建设在乡村建设中的重要位置;"治理有效"代替"管理民主",不仅强调了治理体制与结构的改革和完善,而且强调了治理效率与基层农民群众的主动参与;"生活富裕"代替"生活宽裕",代表着农民群众的生活水平会有更大的提高。

由此可见,乡村振兴战略比新农村建设的要求更高,从生产发展到产业兴旺，从村容整洁到生态宜居，从管理民主到治理有效，从生活宽裕到生活富裕，其要求和层次都有大幅度提高。

　　但同时我们也要认识到，乡村振兴是一个全新的战略，而非"三农"问题的全新提法。之前新农村建设都是在工业化与城市化优先发展的前提下进行的，乡村发展是在工业与城市的带动下发展的，乡村振兴战略则提出农业农村优先发展，不再将乡村作为工业和城市的附属品，无论在财政上、资源上，还是在政策上，都要优先满足农业农村的发展需求，一切以农业的发展为先。

　　由此可见，乡村振兴战略既是新农村建设的"升级版"，同时也是新农村建设的创新与突破。

实施乡村振兴战略,破解"三农"问题

党的十九大报告第一次提出实施乡村振兴战略,报告中强调:"农业农村农民问题是关系国计民生的根本性问题,必须始终把解决好'三农'问题作为全党工作重中之重。要坚持农业农村优先发展,按照产业兴旺、生态宜居、乡风文明、治理有效、生活富裕的总要求,建立健全城乡融合发展体制机制和政策体系,加快推进农业农村现代化。"①

实施乡村振兴战略,在为新时代解决"三农"问题指明方向的同时,也提出了新的更高要求。所谓"三农"问题,是指农业、农村、农民这三大问题,具体是指在广大乡村区域,以种植业或者养殖业为主,身份为农民的生存状态的改善、产业发展及社会进步问题。

"三农"问题是农业文明向工业文明过渡过程中的必然产物,并非中国特有,发达国家也好,发展中国家也罢,都会与"三农"问题不期而遇。

---

① 习近平:《决胜全面建成小康社会 夺取新时代中国特色社会主义伟大胜利——在中国共产党第十九次全国代表大会上的报告》(2017年10月18日),人民网,2017年10月28日。

我国是一个农业大国,"三农"问题是关系国计民生的根本性问题。近年来,我国加大了对"三农"的投入,使"三农"问题得到了有效改善,但是农业生产获利微薄、农村环境污染严重、农民职业化水平不高等问题依然存在。在此基础上,党的十九大提出了乡村振兴战略。

乡村振兴战略是解决"三农"问题的总抓手,有利于提高农民生产生活质量,缩小城乡发展差距。"乡村"是主体,"振兴"是目标,"战略"是方法,乡村振兴战略具有系统性、严密性的特点,为破解"三农"问题指明了方向,提供了解决策略。

首先,乡村振兴战略要以人才为先,提升农民素质。因城乡收入差距较大,导致大量进城务工人员背井离乡,进入城市讨生活,乡村空心化现象日益严重。人才是第一资源,而乡村由于人才的匮乏,自然就失去了振兴发展的可能性,导致乡村更加衰败,由此可见,农村衰败的一个重要原因在于人才的匮乏。只有筑巢引凤,吸引人才回乡,才能缩小城乡差距。

为了吸引人才回乡,不少地方出台了相关政策,例如,给予资金的援助、技术的支持等,但收效甚微。这是因为优惠政策虽多,但缺乏针对性,这是其一。其二,农民返乡创业缺乏组织引导,导致同质竞争问题严重。这说明在吸引人才的同时,不能忽视了组织建设,应建立完善的基层社会自治体系,通过汇聚返乡精英的力量,分享经验教训,从而实现共同发展,共同致富。

其次,注重生态引领,改善生态环境。自然、古朴、宁静是乡村留给人们的传统印象,但如今部分乡村因为不重视环境的保护,随意丢弃生活垃圾,任意排放污水,美好的乡村自然风景遭到严重破坏,人们向往的乡村安静闲适的生活状态被打破。

如此下去，会使一些乡村失去借助旅游业振兴的机会。不仅如此，因为乡村生活环境脏乱差，会使得更多人逃离，因此，在乡村振兴过程中，改善生态环境的问题必须得到高度重视。

那么，乡村为何会出现这种状况呢？一方面是因为乡村的基础设施不足，另一方面是因为村民缺乏生态环境保护的意识。因此，要加强开展思想教育工作，让村民意识到环境保护的重要性，树立环保思想，同时加强排水、下水道等基础设施建设，并引导村民修复、保护自然景观、历史景观，让乡村重新焕发自然魅力。

最后，乡村振兴的重中之重是产业振兴，而产业振兴的一项重要举措就是发展壮大集体经济。长期以来，乡村发展滞后的一个重要原因就是产业发展滞后。产业发展不起来，就无法起到集聚资本、凝聚人心的作用，就很难使农民生产生活质量得到提高和改善。经过改革开放40多年的发展，乡村的发展虽然得到了一定的进步，但依然明显滞后于城市。相比农村，城市居民的收入渠道更广，赚钱的机会更多，城乡之间的发展差距越来越大，这不利于我国经济社会的和谐稳定发展。

总之，实施乡村振兴战略，解决好"三农"问题，既是兑现党对人民群众共同富裕的承诺，也是推动新一轮发展的需要。

全面建成小康社会的"短板"是农村

党的十八大报告首次提出全面建成小康社会。"小康社会"是由邓小平在20世纪70年代末80年代初提出来的战略构想，随着中国特色社会主义建设事业的深入，"小康社会"的内涵和意义也得到了丰富与发展。在20世纪末基本实现"小康"的情况下，党的十八大报告明确提出了"全面建成小康社会"。

一、全面建成小康社会的五项指标

全面建成小康社会包括五项指标，如下图所示：

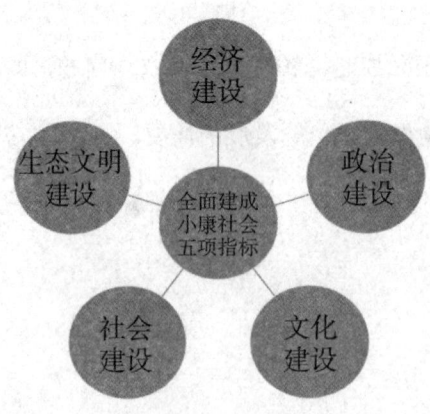

图1-2　全面建成小康社会五项指标

1. 经济建设

经济建设主要指增强发展协调性，努力实现经济又好又快发展；社会主义市场经济体制更加完善。在优化结构、提高效益、降低消耗、保护环境的基础上，实现人均国内生产总值到2020年比2000年翻两番。自主创新能力显著提高，科技进步对经济增长的贡献率大幅上升，进入创新型国家行列。居民消费率稳步提高，形成消费、投资、出口协调拉动的增长格局。城乡、区域协调互动发展机制和主体功能区布局基本形成，社会主义新农村建设取得重大进展。

2. 政治建设

政治建设主要指扩大社会主义民主，使人民权益和社会公平正义得到更好的保障，依法治国基本方略深入落实，全社会法制观念进一步增强，法治政府建设取得新成效，公民政治参与有序扩大，基层民主制度更加完善，政府提供基本公共服务能力显著增强。

3. 文化建设

加强文化建设，提高全民族的文明素质，使社会主义核心价值体系深入人心，覆盖全社会的公共文化服务体系基本建立，提高文化产业在国民经济中的比重，增强文化产业的国际竞争力。

4. 社会建设

加快发展社会事业，使人民生活得到全面改善。现代国民教育体系更加完善，终身教育体系基本形成，全民受教育程度与创新人才培养水平明显提高。社会就业更加充分，合理有序的收入分配格局基本形成，基本消除绝对贫困，中等收入者占多数，覆盖城乡居民的社会保障体系基本建立。人人享有基本生活保障和基本医疗卫生服务，社会管理体系也更加健全。

5. 生态文明建设

建设生态文明，基本形成节约能源资源和保护生态环境的产业结构、增长方式、消费模式。循环经济形成较大规模，可再生能源比重显著上升，主要污染物排放得到有效控制，生态环境质量明显改善。

二、全面建成小康社会，最突出的短板在"三农"

2020年是全面建成小康社会目标实现之年，中共中央、国务院发布了《关于抓好"三农"领域重点工作确保如期实现全面小康的意见》，强调要"对标对表全面建成小康社会目标，强化举措、狠抓落实，集中力量完成打赢脱贫攻坚战和补上全面小康'三农'领域突出短板两大重点任务"。

2020年中央一号文件提出，对标全面建成小康社会加快补上农村基础设施和公共服务短板。[①]

1. 加大农村公共基础设施建设力度

推动"四好农村路"示范创建提质扩面，启动省域、市域范围内示范创建。在完成具备条件的建制村通硬化路和通客车任务基础上，有序推进较大人口规模自然村（组）等通硬化路建设。

2. 提高农村供水保障水平

全面完成农村饮水安全巩固提升工程任务。有条件的地区将城市管网向农村延伸，推进城乡供水一体化。

3. 扎实搞好农村人居环境整治

分类推进农村厕所革命，全面推进农村生活垃圾治理，开展就地分类、源头减量试点。梯次推进农村生活污水治理，优先解决乡镇所在地和中心村生活

---

① 参见《加快补上农村基础设施和公共服务短板　让亿万农民有更多获得感》，新华社，2020年2月7日。

污水问题，开展农村黑臭水体整治工作。

4. 提高农村教育质量

加强乡镇寄宿制学校建设，统筹乡村小规模学校布局，改善办学条件，提高教学质量。加强乡村教师队伍建设，全面推行义务教育阶段教师"县管校聘"，落实中小学教师平均工资收入水平不低于或高于当地公务员平均工资收入水平政策，教师职称评聘向乡村学校教师倾斜，符合条件的乡村学校教师纳入当地政府住房保障体系。

5. 加强农村基层医疗卫生服务

办好县级医院，推进标准化乡镇卫生院建设，改造提升村卫生室，消除医疗服务空白点。加强乡村医生队伍建设，适当简化本科及以上学历医学毕业生或经住院医师规范化培训合格的全科医生招聘程序。

6. 加强农村社会保障

适当提高城乡居民基本医疗保险财政补助和个人缴费标准。提高城乡居民基本医保、大病保险、医疗救助经办服务水平，地级市域范围内实现"一站式服务、一窗口办理、一单制结算"。

7. 改善乡村公共文化服务

推动基本公共文化服务向乡村延伸，鼓励城市文艺团体和文艺工作者定期送文化下乡。实施乡村文化人才培养工程，支持乡土文艺团组发展，扶持农村"非遗"传承人、民间艺人收徒传艺，发展优秀戏曲曲艺、少数民族文化、民间文化。保护好历史文化名镇（村）、传统村落、民族村寨、传统建筑、农业文化遗产、古树名木等。

8. 治理农村生态环境突出问题

大力推进畜禽粪污资源化利用，基本完成大规模养殖场粪污治理设施建设。深入开展农药化肥减量行动，加强农膜污染治理，推进秸秆综合利用。

农村全面改革，力促城乡一体化发展新格局

城乡一体化是随着生产力的发展而促进城乡居民生产方式、生活方式和居住方式变化的过程，使城乡人口、技术、资本、资源等要素互相融合，互为资源，互为市场，互相服务，逐步达到城乡之间在经济、社会、文化、生态、空间、政策（制度）上协调发展的过程。

城乡一体化是一项重大而深刻的社会变革，党的十七届三中全会在总结改革开放多年的成绩和经验的基础上，提出了下一步农村的改革方向。城乡一体化就是此次改革开放总体部署中最重要的任务之一。①

一、城乡一体化的重要意义

城乡一体化关乎老百姓的切身利益，同时对促进国家发展也有深远意义，具体表现在以下四个方面：

1. 推进城乡一体化是落实"四个全面"战略布局的必然要求

2015年4月30日下午，中共中央政治局就健全城乡发展一体化体制机制

---

① 参见《党的十七届三中全会对推进农村改革发展作出部署》，新华社，2012年9月3日。

进行第二十二次集体学习。中共中央总书记习近平在主持学习时强调,加快推进城乡发展一体化,是党的十八大提出的战略任务,也是落实"四个全面"战略布局的必然要求。全面建成小康社会,最艰巨最繁重的任务在农村特别是农村贫困地区。我们一定要抓紧工作、加大投入,努力在统筹城乡关系上取得重大突破,特别是要在破解城乡二元结构、推进城乡要素平等交换和公共资源均衡配置上取得重大突破,给农村发展注入新的动力,让广大农民平等参与改革发展进程、共同享受改革发展成果。

他强调,推进城乡发展一体化,是工业化、城镇化、农业现代化发展到一定阶段的必然要求,是国家现代化的重要标志。改革开放以来,我们率先推进农村改革,农村面貌发生巨大变化。近年来,党中央坚持把解决好"三农"问题作为全党工作重中之重,不断加大强农惠农富农政策力度,农业基础地位得到显著加强,农村社会事业得到明显改善,统筹城乡发展、城乡关系调整取得重大进展。同时,由于欠账过多、基础薄弱,我国城乡发展不平衡不协调的矛盾依然比较突出,加快推进城乡发展一体化意义更加凸显、要求更加紧迫。①

2. 推进城乡一体化是完善经济体制的要求

当前国家可分为城市和农村两个差异较大的区域,还无法形成一个大市场,造成这一局面的主要原因是城市和农村之间在资本流动、土地流转、人才交流、就业转移、技术转让等方面的工作落实还不够充分,只有通过加快推进城乡一体化进程,破除城乡二元结构,逐步形成以工补农、以城带乡的

---

① 参见《习近平在中共中央政治局第二十二次集体学习时强调 健全城乡发展一体化体制机制 让广大农民共享改革发展成果》,新华网,2015年5月13日。

机制，完善社会主义市场经济体制。

3. 推进城乡一体化是构建社会主义和谐社会的重要决策

在党的十六届四中全会上，中央提出了构建社会主义和谐社会。[①] 就农村而言，和谐社会就是农民安居乐业，农村安定有序，充满活力。当前我国近一半的人口在农村，如果农村经济落后，和谐社会就无从谈起。城乡一体化的目的是解决城乡差距扩大的问题，实质上也是构建和谐社会非常重要的基础。

4. 推进城乡一体化是建设全面小康社会的必然要求

没有农村小康就没有全面小康，所以全面建设小康社会的重点和难点仍然在农村，并且农村也是发展经济最具潜力的地方。

二、有关城乡一体化的政策

推进城乡一体化，就要实现"五大统筹"，即统筹城乡产业发展、统筹土地利用和城乡规划、统筹城乡劳动就业、统筹城乡基础设施和公共服务，统筹城乡社会管理。为了推进城乡一体化，中央在政策安排上做了具体要求，主要包括以下四个方面：

1. 加大对农业部门、农村的财政支持

为确保国家对"三农"支持的正常化、制度化，应健全农业投入保障制度、农产品价格保护制度、农业补贴制度以及农业生态环境保护制度，建立农业投入稳定增长的长效机制。

2. 促进现代农业的发展

确保主要农产品如粮食、棉花等持续稳定供给，要促进现代农业的发展，提高农产品含金量，发展农产品的工业化，提高农民的收入，让农村生活水

---

① 参见《中国共产党第十六届中央委员会第四次全体会议公报》，新华社，2004年9月19日。

平上一个新台阶。

3. 统筹城乡基础设施建设

加快城乡基础设施建设，改善农村生产生活条件，如加强农村公路建设，加快农村电力建设和农村社会事业发展，解决农村的饮水问题，解决农村燃料问题，加快沼气建设等。

4. 统筹城乡规划

促进城乡发展的合理布局，避免各自为政，盲目发展，要合理安排乡镇建设，包括产业聚集、农田保护、生态涵养、村落分布等空间布局，使每个地方都有自己的发展规划，每一级的发展规划都必须按照城乡统一规划标准进行。

第二章

乡村振兴蓝图：
走向共同富裕之路

从脱贫攻坚走向乡村振兴

2021年2月25日,全国脱贫攻坚总结表彰大会在北京隆重举行,习近平总书记庄严宣告,我国脱贫攻坚战取得了全面胜利。[①] 与此同时,"国务院扶贫开发领导小组办公室"的牌子被摘下,换成了"国家乡村振兴局",这标志着中国共产党在团结带领中国人民实现共同富裕的道路上迈入了一个新的里程。

一、脱贫攻坚与乡村振兴的关系

摘掉"贫困帽"并不是终点,而是迈入新生活、新奋斗的起点。乡村振兴与脱贫攻坚并不是割裂开的,而是一个问题的两个方面,具体表现在以下几个方面:

1. 脱贫攻坚为乡村振兴奠定了基础

乡村振兴需要解决的是乡村的发展问题,而贫困又是乡村发展问题中最核心的问题。消除绝对贫困问题,实际上是解决了乡村振兴过程中一个最大的短板,因此,乡村振兴是脱贫攻坚的升级版,脱贫攻坚是乡村振兴的基础工作。

通过脱贫攻坚战,摆脱贫困,不仅提高了贫困地区人民的生活水平,还

[①] 参见《全国脱贫攻坚总结表彰大会隆重举行 习近平向全国脱贫攻坚楷模荣誉称号获得者等颁奖并发表重要讲话》,新华社,2021年2月25日。

使贫困地区具备了可持续发展的基础，包括电、路、气、水、网等基础设施，政务、学校、医院、文化等公共服务，以及适合贫困地区发展的产业基础等，为乡村向高质量、可持续发展迈进提供了基础。

2. 脱贫攻坚的利好政策继续为乡村振兴的发展提供保障

2019年3月7日，习近平总书记在参加甘肃代表团审议时指出："贫困县摘帽后，也不能马上撤摊子、甩包袱、歇歇脚，要继续完成剩余贫困人口脱贫问题，做到摘帽不摘责任、摘帽不摘政策、摘帽不摘帮扶、摘帽不摘监管。"[1] 也就是说，脱贫攻坚的利好政策将继续为乡村振兴发挥效力，脱贫攻坚战的全面胜利，增强了人民群众对政府的信任，提高了乡村振兴的信心，这些都将成为乡村振兴的潜在动力。

3. 脱贫攻坚激发了人民脱贫致富的内生动力

脱贫攻坚改善的不仅是人民的生活质量和生活水平，还从根本上改变了人民的思想观念，改变了过去一些愚昧无知和懒惰的思想观念，激发了他们对美好生活的向往。只有人民主动配合，积极行动，乡村振兴的宏伟目标才能早日实现。

二、从"脱贫攻坚"到"乡村振兴"面临的困难与挑战

从"脱贫攻坚"到"乡村振兴"，我们还需要走很长一段路。在这个过程中，还要面临诸多困难与挑战。

1. 贫困地区的发展缺乏连续性

当前脱贫攻坚是在集中了大量人力、财力、物力的情况下，才取得如此显著的成绩，一旦失去了这些外在力量，贫困地区和贫困人口是否能够真正

---

[1] 艾菲：《摘帽"四不摘" 脱贫不返贫》，求是网，2019年3月9日。

实现脱贫呢？想要让贫困地区和贫困人口长期摆脱贫困，获得持续发展，是一个亟待解决的难题。

2. 贫困地区产业发展存在诸多问题

贫困地区的产业多以传统农业和农产品加工为主，交通不便、自然条件恶劣是导致区域性贫困的重要原因。在现有的自然条件下发展产业，必须坚持走科学化、市场化、集约化的道路，但是贫困地区在"三化"方面还存在着诸多的制约因素，导致产业扶贫效果不佳。

3. 基础设施差，公共服务水平不高

改善基础设施，提高公共服务水平，是贫困地区增强自我发展能力的重要基础。在脱贫攻坚阶段，国家在农村安全饮水工程、村村通公路、贫困村输电工程、户户通网络等方面投入大量扶贫资金，用于改善贫困地区的基础设施，提高公共服务水平。但是，这些措施是按照脱贫标准来制定的，而乡村振兴对基础设施的要求要远高于扶贫标准。

4. 人才严重匮乏，阻碍贫困地区的发展

贫困地区实施乡村振兴战略，需要大量的人才，包括市场人才、管理人才以及技术人才等，但是当前农村空心化现象严重，大多数青壮年外出务工，导致农村地区劳动力严重不足，人才更是严重匮乏，这严重制约了贫困地区乡村振兴战略的实施。比如，一些贫困地区虽然建好了饮水工程，却没有标准化水厂的设备与技术，饮用水无法进行净化和消毒；虽然很多贫困乡村实现了户户通电，但不少乡村只支持照明供电，却没有工业所需要的三相供电，使农村产业发展严重受限。

总之，从脱贫攻坚到乡村振兴，任重道远，还有很多坎坷，我们不能止于眼前的成绩，一定要看到困难，做好接受挑战的准备。

乡村振兴是实现共同富裕的必经之路

共同富裕是全体人民通过辛勤劳动和相互帮助最终达到丰衣足食的生活水平,也就是消除两极分化和贫穷基础上的普遍富裕。实现全体人民的共同富裕是社会主义的本质要求,脱贫攻坚也好,乡村振兴也罢,其目标都是缩小城乡差距、地域差距和收入差距,实现共同富裕。

一、乡村振兴与共同富裕的关系

首先,实现共同富裕是乡村振兴的奋斗方向,2021年3月,《中共中央国务院关于实现巩固拓展脱贫攻坚成果同乡村振兴有效衔接的意见》公开发布,该意见提出设立5年过渡期,到2025年,脱贫地区的农民收入增速要高于全国农民平均水平;到2035年,农村低收入人口的生活水平要显著提高,城乡差距要进一步缩小,全体人民共同富裕上取得更为明显的实质性进展。①

由此不难看出,乡村振兴是新时代"三农"工作的重点,乡村振兴的中

---

① 参见《中共中央国务院关于实现巩固拓展脱贫攻坚成果同乡村振兴有效衔接的意见》(2020年12月16日),《人民日报》2021年3月23日。

心目标则是实现共同富裕,那么如何实现共同富裕呢?最关键的一点就是提高农民的收入,城乡差距是实现共同富裕的最大障碍,乡村振兴则有利于消除城乡差距。

其次,乡村振兴是实现共同富裕的必选之路。当前我国社会的主要矛盾是人民日益增长的美好生活需要和不平衡不充分的发展之间的矛盾,这一矛盾在乡村体现得尤为突出。农业科技水平低,效率不高,农村基础设施落后,农村居民的人均可支配收入远低于城镇居民的人均可支配收入,这一系列问题的有效解决都必须通过乡村振兴这条路。

此外,我国经济发展最深厚的基础、最大的潜力在农村,实施乡村振兴战略,能有效地激活农村的发展潜能,为实现共同富裕打下坚实的基础。

二、实现城乡共同富裕的重要因素

要实现城乡共同富裕,乡村振兴是必经之路。在实现共同富裕的过程中,有几个重要的因素不容忽视。

1. 促进农民增收是关键

实施乡村振兴战略,实现城乡共同富裕,促进农民增收是关键。促进农民增收的途径主要包括四个方面:

一是进一步推动农村土地"三权分置"改革,让农民拥有更多的财产权利,提高农民的生产积极性。

二是培育新型农业经营主体,重点培养新型职业农民,提升农村人力资源素质。

三是壮大村级集体经济,促进农民持续增收。

四是健全防止返贫动态监测和帮扶机制,做到及时发现易返贫致贫人口,及时帮扶。

2. 提升农业供给质量是主攻方向

农业是稳定民心的基础产业，也是与百姓利益息息相关的民生产业。现阶段我国在农业方面还存在着不少短板，必须努力提升农业供给质量，不断完善农业发展基础。比如，稳定种粮农民补贴，激发农民的种粮积极性；加快构建现代养殖体系，提高农业产业化经营水平等。

3. 推动城乡发展一体化建设是基础

推进城乡一体化是国家现代化的标志，也是农业农村全面进步的基础。在推进城乡发展一体化建设的进程中，一是注重村庄规划，保护传统民居、村落和历史文化名镇名村，保存乡村独特的民族特色；二是加强公共基础设施建设，提高公共服务水平；三是推进城乡基本公共服务标准统一、制度并轨；四是推进村庄清洁和绿化行动，加快美丽乡村建设。

三、共同富裕新"三步走"战略

我国已形成从"十四五"时期到21世纪中叶的共同富裕新"三步走"战略，具体内容如下：

第一步，"十四五"时期，全体人民共同富裕迈出坚实步伐。

"十四五"时期，全体人民共同富裕迈出坚实步伐，是《中华人民共和国国民经济和社会发展第十四个五年规划和2035年远景目标纲要》中明确提出的主要目标之一，具体包括劳动年龄人口平均受教育年限提高到11.3年，城镇调查失业率控制在5.5%以内，人均预期寿命提高1岁等。[①]

[①] 参见《中华人民共和国国民经济和社会发展第十四个五年规划和2035年远景目标纲要》，新华社，2021年3月12日。

第二步,到2035年,在促进全体人民共同富裕上取得更为明显的实质性进展。

何为"更为明显"呢?一是提升富裕程度,二是让富裕效果显而易见。取得"实质性进展"是不仅要在物质上和数量上有所提升,更要改变人们的品质与精神,包括人们的幸福感、安全感等。

第三步,到2050年,全体人民共同富裕基本实现。

"基本实现"指有效缓解城乡差距、地域差距和收入差距,城乡间、地域间人口流动内在动力实现均衡。

四、绿色振兴:乡村振兴的必由之路

2017年中央农村工作会议对"三农"工作面临的形势与任务进行了全面的分析,围绕党的十九大报告提出的乡村振兴战略,做出了重点部署,强调坚持绿色生态导向,第一次系统地提出了"中国特色社会主义乡村振兴道路",指出必须坚持人和自然的和谐共生,坚持走乡村绿色发展的道路。[①]

1. 乡村绿色发展的意义

乡村绿色发展,对生态环境保护,发展生态旅游,以及提供生态产品等意义重大,也有利于农业农村可持续发展。

一是乡村绿色发展是粮食安全的要求。

土壤是污染物积累的最终归宿,当前我国土壤污染情况不容乐观,有些地方污染非常严重,出现了"镉大米",长期食用会危害人体健康。为了确保国家粮食安全,必须从源头上做好土壤污染防治工作,也就是说,保护农村环境,就是确保粮食安全,确保人民的身体健康。

---

① 参见《中央农村工作会议在北京举行 习近平作重要讲话》,新华社,2017年12月29日。

二是乡村绿色发展是提供生态产品的需要。

当前我国社会主要矛盾是人民日益增长的美好生活需要和不平衡不充分的发展的矛盾,要解决这一矛盾,就需要创造更多的物质财富和精神财富,来满足人民日益增长的美好生活需要,其中提供更多优质的生态产品就是人民对美好生活的追求之一。

三是乡村绿色发展符合生态宜居的要求。

建设生态环境宜居的乡村是乡村振兴战略的本质要求。乡村振兴了,产业兴旺了,农民生活水平提高了,但却整日生活在污染的环境里,这与乡村振兴的目标是背道而驰的。

总之,绿色既是人民对美好生活追求的重要体现,也是乡村振兴的必然要求。

2. 实施绿色乡村振兴必须做好五个方面的工作

实施绿色乡村振兴之路就必须坚持"绿水青山就是金山银山"的发展理念,尊重自然、顺应自然、保护自然,坚守住自然生态安全边界,具体来说,应该做好以下五个方面的工作:

一是增强乡村振兴生态环保意识,加强农村生态文明建设。

意识决定行为,行为决定结果。提高农民的生态环保意识,让农民真正认识到生态环保的意义,才能有利于绿色乡村的发展。因此,一定要以农民喜闻乐见的方式深入开展生态文明思想学习教育,加强绿色乡村振兴的宣传工作,挖掘、继承、创新乡土生态文化,将保护传承与开发利用有机结合起来,赋予绿色乡村振兴的时代内涵。

二是强化多污染物城乡协同控制与治理。

加强山水林田湖草沙的系统治理，创建以国家公园为主体的自然保护地体系，实施生物多样性保护重大工程，强化大江大河与重要湖泊湿地生态保护治理，强化河湖长制。加强石漠化、荒漠化、水土流失综合治理，推行林长制。完善生态保护红线、自然保护地监管制度，健全自然资源资产产权制度和法律法规等。

三是加强农村人居环境的整治。

农村人居环境的整治包括多方面内容，比如，推进农村厕所改革，加强污水、黑臭水体治理，建设污水处理设施；健全农村生活垃圾收运处理体系，建设有机废弃物综合处理利用设施；健全农村人居环境设置管理体制，以及推进村庄绿化行动等。

四是推进农业绿色产业发展。

推进农业绿色产业发展，推进农村生产方式绿色转型；加强畜禽粪污资源化利用；健全耕地休耕轮作制度；推广农作物病虫害绿色防控产品与技术；发展节水农业与旱作农业；实施国家黑土地保护工程，推广保护性耕作模式；加强农产品质量和食品安全监管，发展绿色农产品与有机农产品。

五是落实农村工作领导体制。

认真贯彻落实《中国共产党农村工作条例》，健全中央统筹、省负总责、市县乡抓落实的农村工作领导体制，建立绿色乡村振兴联系点制度，加强农村基层组织建设与乡村治理。确保脱贫攻坚工作有组织推动、有政策支持、有考核监督等，充分发挥农村基层党组织的领导作用，积极实施绿色乡村振兴，并把开展绿色乡村振兴纳入领导干部的考核。

绿色发展理念的形成必须"聚民心、集民智、汇民力"，倡导全民自觉践行绿色发展，拓宽宣传教育渠道。只有坚持绿色发展理念，才能实现乡村的全面振兴。

深层次多元文化融合助力乡村振兴

党的十九大报告提出要实施乡村振兴战略,并明确了乡村振兴的五大实施路径,即乡村产业振兴、乡村人才振兴、乡村文化振兴、乡村生态振兴和乡村组织振兴,其中文化振兴是乡村振兴战略的灵魂。①

一、以文化建设助力乡村振兴

文化自信是一个国家、一个民族发展中更基本、更深沉、更持久的力量。文化元素具有绿色环保、带动力强、附加值高等特质,在助力乡村振兴中发挥着越来越重要的作用。

1. 以文化建设为乡村振兴提供产业发展动能

乡村振兴既要塑形,又要铸魂,乡村文化振兴对生态振兴、人才振兴、组织振兴具有引领和推动作用。

首先,具有民族特色的乡村文化是重要的文化资源,是乡村振兴的文化生产力。乡村可利用自身拥有的文化资源或者通过文化再造的方式创造出新

---

① 参见习近平:《决胜全面建成小康社会 夺取新时代中国特色社会主义伟大胜利——在中国共产党第十九次全国代表大会上的报告》(2017年10月18日),人民网,2017年10月28日。

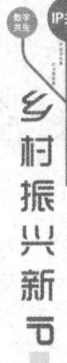

的文化价值，进行文化资源的开发和市场运作，从而形成与众不同的特色乡村文化产业。

其次，农民是实施乡村振兴战略的主力军，农民素质的高低将决定乡村振兴战略的实施成效。文化的发展有利于提高农民的科技文化素质、思想道德文化以及生产技能，培养有技术、有文化、懂经营的新型农民，能为乡村振兴提供智力上的支持。

最后，文化具有强关联、强渗透的效应，加强乡村文化建设，能够推进文化与旅游业、农业等产业的融合。通过挖掘乡村文化资源，能够使农产品具有乡村文化内涵，提高农产品的文化品位。文化和旅游融合，有利于发展差异化的文化旅游产业。

2. 以文化建设为乡村振兴凝聚精神动力

乡村振兴战略的实施要充分发挥文化的作用，可以通过宣传、动员，统一思想，达成共识，凝聚人心，汇聚力量。

首先，全党全社会都必须充分认识到实施乡村振兴战略的必要性与重要性，乡村振兴战略关乎全面小康社会的建成，关系到国家的强国建设。实施乡村振兴战略有利于解决我国当前社会的主要矛盾，只有思想上重视，才能自觉行动。

其次，农民既是实施乡村振兴战略的主体，也是最重要的利益相关者，因此，必须加强对农民的宣传与动员，让农民对乡村振兴战略有一个清晰的认识。只有认识到乡村振兴战略与自身利益的相关性，才能最大限度地调动农民的主动性、积极性、创造性，为实施乡村振兴战略提供强大的支持。

3. 以文化建设为乡村振兴提供环境保障

通过文化建设创造良好的发展环境，可以有效地凝聚发展力量，激发市场活力,为乡村振兴提供良好的环境保障。

首先,在乡村文化建设中,要利用文明乡风中的优秀传统文化,强化道德教化的作用,引导农民孝老爱亲、勤俭持家、重义守信;建立道德激励约束机制,为乡村振兴提供和谐安定的社会环境。

其次,近年来,虽然我国乡村社会文明程度在不断提高,但不可否认,依然存在文化陋习,比如封建迷信活动、人治思想等,这都不利于乡村振兴战略的实施。加强乡村文化建设,有利于弘扬科学精神和时代新风行动,倡导现代生活方式,为乡村振兴提供民风淳朴的人文环境。

最后,诚实守信的市场环境能大大降低市场交易成本。在乡村文化建设中,要推进诚信建设,强化农民的规则意识,形成重诚信、守承诺的市场环境,有利于推动乡村振兴战略的实施。

总之,文化在乡村振兴中扮演着极其重要的角色,它是乡村振兴发展不可缺少的精神基础。

二、文化助力乡村振兴的实例

山东临沂是一座千年古城,历史源远流长,而作为一座现代新城,又交通便利,商业繁荣,在传承文化、发展旅游方面优势明显。

临沂古城结合秀丽山水、悠久历史等优势资源,大力发展、提升旅游业,全市仅 A 级景区就有 100 多家。在发展旅游业的同时,逐步完善交通、餐饮、住宿、公共厕所等基础配套设施,使全市的旅游业进入繁荣发展的阶段。

在大好形势下,全市各县区争先发展旅游业。费县打造出"中国奇石之乡",兰陵建成全省第一个国家农业公园,县域旅游发展呈现出良好态势,形成了独特的省级旅游强县集群现象,由此积累的先进经验被全省推广、借鉴。

因地制宜绘就乡村振兴"千村千面"

乡村振兴的意义重大，不仅关系乡村当前的发展，也关系到"两个一百年"奋斗目标能否实现。乡村振兴具有地方特色，因此不能搞"一刀切"，基层干部一定要根据当地的发展特色制订出相应的发展计划，因地制宜地做好乡村振兴工作。

一、因地制宜做好乡村振兴工作

乡村振兴不是简单地将农村进行改造，而是要实施以"产业兴旺、生态宜居、乡风文明、治理有效、生活富裕"为总要求的乡村振兴战略，因地制宜绘就乡村振兴的"千村千面"。

首先，因地制宜制定精准策略。在产业发展过程中，一定要结合当地的实际情况精选项目、精准施策，才能使产业发展促进乡村振兴。同时，乡村振兴重视农业发展，将农业发展为前景产业，农村全面发展才有坚实的物质基础，国家粮食安全才有保障。

其次，因地制宜引进人才。在乡村振兴过程中，人才起着关键的作用，因此，各地要结合当地实际情况，引入精准人才，为乡村振兴提供强大的智力支持。同时，不能忽视农民的作用，因为在乡村振兴过程中，农民是主力军，乡村振兴需要调动亿万农民的主动性、积极性和创造性，激发地方人才的内生动力。

最后，因地制宜推动乡村发展。乡村振兴的发展涉及乡村发展的方方面面，其中脱贫攻坚是当前乡村振兴的难点和重点，要赢得脱贫攻坚的胜利，不仅需要精准扶贫，更需要特色扶贫。

此外，农村对农民而言，不仅是生活家园，也是精神家园，推动城乡一体化发展，让农村的生活与城市接轨，从而满足农民日益增长的物质和精神文化需求。

二、乡村振兴"千村千面"的实例

建设生态宜居的美丽乡村，就必须考虑地理、发展水平、民俗等因素，科学制定适宜本地区乡村振兴的发展策略。下面这两个案例，就是乡村振兴"千村千面"的典型。

1. 泰山村：村集体与社会资本共同撬动模式

泰山村位于郑州市南大学城龙湖镇内，该村村委会开发主体成立村集体开发组织，引入千稼集项目。

泰山村结合黄帝文化底蕴深厚的优势，以"林业立村、生态富村、旅游活村、文化强村"的思路发展乡村特色旅游，按照"一村一品、一村一景、一村一产业"的方案打造特色旅游村。

在产业规划方面，泰山村引进知名文旅品牌"千稼集"，建设了千稼集景区，按照"原味乡村""民国风情""激情岁月"三大主题，布局民俗特色小吃、民间演艺表演、农耕文化演艺、主题情景客栈、休闲游乐体验、绿色有机农场六大产品业态，让游客体验浓郁的中原民俗历史文化和乡土乡情。

此外，千稼集与当地农民采用合作经营的方式打造万亩农场，生产绿色有机杂粮蔬菜，从源头上保证食品的安全和质量，让游客有机会享受纯天然土特产和土法加工食品，欢喜畅游。

在运作模式上，独创千稼集与泰山村村民合作的经营模式，公司负责建立配送中心，商户负责成立商户委员会，对中心的采购、配送进行监督，经营风险由公司承担。为了避免恶性竞争，这里的商户一店一品，皆不重复。①

2. 三瓜公社：电商特色产业模式

三瓜公社位于安徽省巢湖市半汤街道。2015 年，合巢经济开发区管委会引入安徽淮商集团，联合成立安徽三瓜公社投资发展有限公司。

三瓜公社融入"互联网＋三农"发展理念，创建集一二三产业与农旅相结合的发展系统，推动三瓜村的振兴发展。在建设过程中，着重对原有田林农湖系统进行保护，并对山地、林地、荒地、水系进行修整，将乡村打造成美丽的宜居家园。

在产业规划方面，包括南瓜电商村、冬瓜民俗村和西瓜美食村。南瓜电商村已经开发出温泉、茶叶、特色农副、乡土文创四大系列千余种特色商品和旅游纪念品，通过线上线下相结合的销售方式拓宽农村产品的销售渠道；冬瓜民俗村主要产业包括古巢国遗址、手工作坊群和半汤六千年民俗馆，打造以体验半汤地方传统农耕民俗文化为特色的村庄发展模式；西瓜美食村主要产业为 60 家特色农家乐、80 户风情民居民宿和 10 处心动客栈酒店。②

---

① 参见《泰山村 "村集体与社会资本共同撬动模式"》，农经司，2022 年 9 月 16 日。
② 参见《三瓜公社 "电商特色产业模式"》，农经司，2022 年 9 月 16 日。

新经济战略为乡村振兴添薪助力

乡村兴旺,则国家兴旺。乡村振兴战略是关系全面建设社会主义现代化国家的历史性任务。近年来,"互联网+"的飞速发展,对我国城乡经济发展起到了推动作用,使越来越多的农民享受到了信息时代的"数字红利"。

2020年,中央网信办等四部门联合印发《2020年数字乡村发展工作要点》,其中就提到了推动乡村数字经济发展的重点任务,包括推动农业生产数字化转型、畅通农村电商物流体系、培育壮大乡村新业态等。①

一、农村数字经济助力乡村振兴

农村数字经济为乡村振兴添薪助力,主要表现在以下几个方面:

1. 数字技术有助于提高乡村建设的质量

在数字经济时代,乡村振兴战略离不开互联网、人工智能、大数据等经济环境。壮大农村数字经济,催生数字红利,对于构建农村新产业新业态模式、推动乡村产业质量变革和农村经济效率变革、培养发展新动能等都大有裨益。

---

① 参见《中央网信办等四部门联合印发〈2020年数字乡村发展工作要点〉》,中国网信网,2020年5月9日。

2. 农村电商拓宽农民的收入渠道

2019年，我国农产品网络零售额近4000亿元。[①] 可见，农村电商是拓宽农民收入的一个重要渠道。电商拉近了农民与市场的距离，让农村的产品有了更广阔的销路，不仅让农民的腰包鼓起来，还促进了农业转型升级，使农民更加注重产品的品质与口碑，生产出更多符合市场需求的产品。

3. 智慧农业赋能乡村振兴

智慧农业指将现代科学技术与农业种植相结合，从而实现无人化、自动化、智能化管理。智慧农业将大数据、云计算、遥感网、传感网、人工智能等现代信息技术及智能机器人等，应用到农村生产、加工、经营、服务和管理等环节，从而实现精准化种植，互联网销售，社会化服务和智能化决策，形成现代农业发展形态。

4. 数字经济下，新业态不断涌现

新业态指基于不同产业间的组合、企业内部价值链和外部产业链环节的分化、融合、行业跨界整合以及嫁接信息及互联网技术所形成的新型企业、商业乃至产业的组织形态。

在农村，随着移动互联网硬件软件的不断完善，以及智能手机的普及，农民可以实现网络接单，智能化种植，乡村新业态不断涌现，如创意农业、认养农业、都市农业等。

二、农村数字经济在乡村振兴中的应用

为了让乡村建设搭上互联网发展的快车，多地网信及相关部门结合当地发展需要，积极探索农村数字经济在乡村的应用，为乡村振兴注入持久的动力。

---

① 参见《2019年销售额近4000亿元　电商助农增收成效可观》，《国际商报》2021年1月14日。

1. 物联网成为农田的智慧"大脑"

在山东省高青县木李镇，山东得益乳业股份有限公司运用精准饲喂系统、牛舍温控系统、牛粪干湿分离系统等智能化管理软件和智能设备，确保奶牛科学喂养、健康成长，智慧速冷等系统使牛奶生产实现了数字化与智能化。[1]

在浙江省淳安县枫树岭镇的莫岛生态蜂业养殖基地里，蜜蜂居住的是智能蜂箱，每一个智能蜂箱都安装有智能模块，通过太阳能供电，对蜂箱的温度、湿度、蜜蜂计数、声音强度、产蜜数量等进行实时监测。智能模块与后台系统相连，当温度、湿度等数据显示异常时，系统就会发出警报，养蜂者通过手机 App 就能随时掌握相关数据，进行针对性管理。[2]

2. 电商服务、物流配送平台全面覆盖乡村

重庆市荣昌区建有一个国家级生猪大数据中心，这是农业农村部批准建设的全国第一个也是目前唯一的畜牧单品种国家级大数据中心。

生猪全程溯源、智慧养殖管理、畜牧兽医数字化监管、畜禽粪污资源化利用、畜牧数据共享交换……在国家级生猪大数据中心的推动下，新型生猪产业生态正在形成。[3]

山东省海阳市海阳路港物流园是海阳市开展农产品电商流通体系工程建设而成立的市级仓储物流中心。因自然条件优越，海阳市物产资源丰富，近年来，电子商务为海阳农特产品的销售增添了新动力，全市注册运营企业超过了5000家，店铺过万家，2019 年，该市成为全国电子商务进农村综合示范县。[4]

---

[1] 参见《田怎么浇　农产品怎么卖　村里的事怎么办　"数字"让乡村更美好》，中央纪委国家监委网站，2021 年 3 月 22 日。
[2] 参见《乡村振兴在行动丨浙江淳安：借林生金 谱写深绿兴富新篇章》，新华网，2022 年 12 月 8 日。
[3] 参见《川渝唯一！重庆(荣昌)生猪大数据中心入选全国信标委数字乡村标准研究组首批成员单位》，《荣昌日报》2022 年 8 月 1 日。
[4] 参见《田怎么浇　农产品怎么卖　村里的事怎么办　"数字"让乡村更美好》，中央纪委国家监委网站，2021 年 3 月 22 日。

第二个百年战略与乡村振兴布局

2021年是中国共产党成立100周年,在建党一百周年的庆祝大会上,习近平总书记代表党和人民庄严宣告,我国实现了第一个百年奋斗目标——全面建成小康社会。① 接下来,我们要向第二个百年奋斗目标迈进,即到新中国成立100年(2049年)时建成富强、民主、文明、和谐、美丽的社会主义现代化强国。

坚决打赢脱贫攻坚战是立足于实现"全面建成小康社会"的第一个百年奋斗目标,这也是实施乡村振兴战略的关键一战。如今,我们已经完成脱贫攻坚任务,消除了绝对贫困和区域性整体贫困。

接下来,我们要为实现第二个百年奋斗目标积极进取。在十九大报告中,党对我国社会主义现代化建设作出战略安排,提出"三步走"战略目标。

第一步,2030年,全面建设共同富裕社会,简称共富社会;第二步,到2040年,全面建成共同富裕社会;第三步,到2050年,全面实现社会主义现代化。

---

① 参见习近平:《在庆祝中国共产党成立100周年大会上的讲话》,新华社,2021年7月1日。

显然，实施乡村振兴战略，着眼于要实现"到新中国成立100年（2049年）时建成富强、民主、文明、和谐、美丽的社会主义现代化强国"第二个百年奋斗目标，这是符合亿万农民对美好生活愿望的重大决策，是做好新时代"三农"工作的总抓手。

目前我国正处于脱贫攻坚与乡村振兴战略实施并存的特殊历史时期，要围绕"产业兴旺、生态宜居、乡风文明、治理有效、生活富裕"的总要求，在巩固脱贫攻坚的同时，推动乡村振兴工作的开展。

1. 坚持品质兴农

产业不旺，农民就无法致富，乡村振兴就如无源之水、无本之木。随着城乡居民消费结构发生变化，人们对农产品的质量要求越来越高，因此，一定要发展绿色优质特色农产品，提升农产品的质量。

比如，内蒙古是有名的"黄金奶源带""肉羊产业带"，牛奶与羊肉的产量位居全国首位，内蒙古建立了全国第一家生鲜乳质量安全第三方检验测试中心，在全国率先出台了《牛羊屠宰管理办法》，年定量监测农畜水产品数量同比提高了70%以上。质量提高的同时，销量也随之上涨。

因此，一定要以市场需求为导向，推进产品品牌化、产业融合化、经营规模化，坚持走品质兴农的道路，围绕农业生产、流通、销售整个链条，提升价值链，提高农业效益，让农民享受到农业产业化带来的红利。

2. 坚持走绿色发展的道路

良好的生态环境是农村的宝贵财富，要坚持"绿水青山就是金山银山"的发展理念，坚持规划先行、综合配套、系统整治，打造美丽的宜居乡村。不能为了经济效益，让污染横行，这种粗暴的发展方式势必会阻碍乡村的生态发展。

河南新县是国家扶贫开发工作重点县和大别山集中连片特困地区扶贫攻坚重点县，近年来，该县大力实施生态立县的战略，打造了"合作社+生态景区+惠民"的生态扶贫模式和"全域旅游+产业融合"的生态旅游模式。

坚持不挖山、不砍树、不填塘、不大拆大建，形成特色民宿、农家乐餐饮、观光体验等多种业态，在带动贫困户稳定脱贫的同时，实现了从美丽乡村到美丽经济的转变。

把全县作为一个大景区进行谋划，把乡镇作为一个景点来构图，把村庄作为一个小品来设计，形成"处处是风景，路路是景廊，村村有游客中心"的全域发展态势。[①]

3. 加强精神文明建设，走好乡村文化兴盛之路

农民的思想状态与文化素养彰显着一个乡村的文化，因此应加强农民精神文明建设，培育文明乡风，坚决铲除陋习，坚持"育新风"，引导农民崇德向善，用好"文化牌"，挖掘传统文化与民族特色，引导农民吃上"文化饭"。

4. 推动乡村善治

乡村治，则群众安，要提高基层党组织的组织力，发挥基层党组织的领导核心作用，健全依法治村机制、村民监督机制和便民服务机制，用法治来解决纷争，用自治来消除矛盾，确保乡村社会和谐有序，充满活力。

5. 壮大农村集体经济，走共同富裕的道路

乡村振兴的落脚点是生活富裕。要壮大农村集体经济，加大农村保障力度，提高农村土地收益，让农民在实现全面小康的基础上，获得精神上的富足感。

---

① 参见《乡村振兴的"新县实践"》，河南日报客户端，2020年9月4日。

第三章

组织振兴：乡村振兴的动力引擎

组织兴,则乡村兴;组织强,则乡村强

乡村振兴战略是一个多主体、多目标、多层次的发展战略和系统工程,是一项极具挑战性的任务,如果没有一个坚强的领导核心,乡村振兴工作就无法得到保障。因此,组织振兴是乡村振兴的基础和动力之源,也是新时代党领导农业农村工作的重任。

一、乡村组织振兴的主体

一般来说,乡村组织振兴的主体包括四部分,即农村基层党组织、村民自治组织、农村专业合作经济组织和社会组织。

1. 农村基层党组织

农村基层党组织是乡村组织振兴的核心,是党在农村开展工作的基础,也是联系农民群众的纽带。因此,必须在党中央和各级党委政府的领导下,夯实农村基层党组织的根基,打造出千千万万个强大的农村基层党组织,才能带动和确保乡村振兴战略的顺利实施。

2018年,习近平总书记在全国组织工作会议上讲话指出:"党的基层组织是党的肌体的'神经末梢',要发挥好战斗堡垒作用。"① 推进乡村振兴,必须依靠农村党组织和党员,充分发挥党组织的战斗堡垒作用和党员的先锋模范作用,带领群众共同为伟大的目标奋进。一些乡村发展落后,问题矛盾突出,乡风文明差,最重要的原因在于基层党组织战斗力不强,软弱涣散,无法形成一个坚强的领导核心,更无法推动乡村事业的发展,解决存在的问题和矛盾冲突。

2. 村民自治组织

要进一步加强村民委员会的建设。村民委员会是我国乡(镇)所辖的行政村的村民选举产生的群众性自治组织,是村民自我管理、自我教育、自我服务的基层群众性自治组织,也是乡村组织振兴的重要组成部分。

村民委员会要长期扎根乡村社会,做到对村情民情和社会文化了如指掌,在促进乡村自治、促进乡村事业发展以及解决乡村矛盾方面发挥积极的作用。当前,由于一些地方的管理者素质不高,责任意识淡薄,特别是对自己的角色没有一个清楚的认识,工作不积极,导致村民委员会无法发挥出乡村自治的作用,使村民的权益无法得到很好的保障。因此,一定要提升村民委员会的责任意识与服务意识,让村民委员会在乡村自治方面发挥出重要的作用。

3. 农村专业合作经济组织

农民专业合作经济组织是农民自愿参加的,以农户经营为基础,以某一产业或产品为纽带,以增加成员收入为目的,实行资金、技术、生产、购销、加工等互助合作经济组织。

农民专业合作经济组织是推进农业规模化、现代化、效益化的有效组织

---

① 《习近平在全国组织工作会议上发表重要讲话》,新华网,2018年7月4日。

形式，对于保护农民合法经济利益，提高市场风险方面发挥着重要的作用。要使乡村发展充满活力，促进农业现代化发展，就要充分发挥农村专业合作经济组织的带动作用，推动多种形式的规模经营。

4. 社会组织

社会组织是非官方组织，它在促进乡村多元共治，构建新时代乡村治理体系方面发挥着重要的作用。有一些地方政府在乡村治理过程中，因受困于全能政府的惯性思维，常常导致政府在乡村治理中陷入政府缺位、政府越位等误区，从而妨碍了社会组织在乡村治理过程中发挥出应有的作用。

从党的十八大以来脱贫攻坚工作情况来看，鼓励社会组织、志愿服务力量、社会工作者参与到脱贫攻坚工作中来，是可以发挥积极作用的。乡村振兴是一个系统工程，应鼓励和引导基金会、行业协会、志愿组织等社会组织参与进来，不仅能为乡村事业的发展提供所需的人才，还能在资金、技术、物质等方面获得支持和帮助。

二、组织振兴引领乡村振兴

组织兴，则乡村兴；组织强，则乡村强。除了要加强基层党组织外，加强干部人才队伍、发挥群众主体作用也是组织引领乡村振兴的关键。

人才是乡村振兴的第一资源，一定要把基层一线作为培养选拔干部的主阵地，在乡村振兴、项目建设等工作中，加强对干部的考察和识别，激发基层干部的工作积极性。此外，还要着重在返乡回村、下乡创业的人才中发展党员，选拔干部，从而打造一支懂农业、爱农村、爱农民的工作队伍。

农民是乡村振兴的主体，基层党组织要密切联系群众，调动群众参与乡村振兴的主动性、积极性、创造性。

促进自治、法治、德治有机结合

乡村是国家治理体系的"神经末梢",是最基本的治理单元,"自治+法治+德治"三结合的乡村治理体系,是实施乡村振兴战略的重要组成部分。这不仅是基层治理走向成熟的重要标志,也是推进国家治理能力现代化的重要抓手。因此,促进自治、法治、德治的有机结合,是持续走好乡村善治的必经之路。

一、自治、法治、德治有机结合的优势

自治、法治、德治是乡村治理的基本方式,其功能作用为"自治为本、法安天下、德润民心",同时存在"法治太'硬',德治太'软',自治太'任性'的局限性"。三者有机结合的乡村治理模式,能够实现优势互补,发挥协同效应,比单一治理方式效果更好。

首先,在法治保障和道德约束下的自治,既有利于维护乡村基层民主权利,也有助于确保乡村和谐有序发展。自治能够有效整合乡村资源,使乡村发挥出主体的活力,破解乡村治理的困局。值得一提的是,必须在法律保障和道

德约束下才能进行自治，否则就可能走入人治的误区。

其次，以法治为主，以德治为辅，德治与法治相结合，体现了刚柔并济的治理艺术。法治是乡村治理的法律保障，确保乡村有一个安定有序的治理环境，是乡村长治久安的基础。但法治太冰冷，缺乏温度，加之农村社会法治建设比较落后，德治就成了乡村治理的重要补充。

最后，德治为乡村治理提供了道德支撑，是乡村善治的重要辅助工具，但同时必须把自治组织作为载体，并用法治作为保障，才能避免将德治沦为人治。

总之，"自治+法治+德治"三结合的治理方式，可以发挥出"1+1+1＞3"的治理效果。

二、乡村治理的路径

党的十九大报告提出要加强农村基层基础工作，健全自治、法治、德治相结合的乡村治理体系的具体要求，为乡村治理指明了方向。[①]

1. 自治是乡村治理体系的基础，能够激发农民的积极性

自治型乡村治理是村民依靠自律、自我意识，达到村民自我治理的目的，村民自治是健全乡村治理体系的重要内容，是中国特色社会主义民主政治在乡村治理领域的实现形式。只有将乡村自治做好了，广大农民的积极性才能被激发出来，乡村共建共享的新格局才能实现。

加强乡村治理体系的本质就是改善政府和自治主体之间的关系，这需要改变政府职能，将从下到上的治理方式融入乡村治理当中，将党组织领导和

---

① 参见习近平：《决胜全面建成小康社会　夺取新时代中国特色社会主义伟大胜利——在中国共产党第十九次全国代表大会上的报告》（2017年10月18日），人民网，2017年10月28日。

人民当家作主进行有机结合,形成基层党组织与乡村主体协同共建的"一核多元"的治理格局。

2. 用法治来保障乡村社会的稳定

法治精神是现代社会秩序的主要支撑,推进新时代全面依法治国,切不可忽视乡村法治建设,必须坚持法治为本,才能实现乡村治理能力的现代化。

当前,在乡村社会急剧变迁、利益诉求多元化的现状下,只有通过法治才能形成解决问题用法、化解矛盾靠法的秩序,确保乡村社会的稳定与发展。法治型乡村治理通过明确可操作规则来约束和规范人们的行为,一方面有利于确保公民的权利得到保障,另一方面也可以对行政权力起到限制作用。

3. 用德治正民心、树新风

在健全乡村治理体系过程中,应注重德治。德治主要是指依靠社会舆论、风俗习惯等引导人们形成正确的价值取向,在乡村治理中一定要发挥好德治的引导、教化作用,这对破解乡村治理过程中的问题和矛盾将大有裨益。有效发挥德治在乡村治理过程中的积极作用,可使乡村治理事半功倍。

值得一提的是,在乡村进行德治时,要突出优秀传统文化的德治功能,特别是在乡土色彩浓重的地区,文化往往会对人们的思维方式和行为准则起到重要影响。若在推进乡村治理体系现代化的过程中,发挥优秀传统文化的德治功能,不仅能推动文化振兴,更有助于提高村民的精神面貌和乡村社会文明程度。

总之,自治、法治、德治三者之间既相互独立,又紧密联系,它们共同构成了乡村治理的有机整体:法治是乡村治理的保障,自治只有在法律的框架下进行才能做到有条不紊,德治则是乡村治理的有力支撑。

夯实基层政权

改革开放 40 多年来，农村经济发展取得了可喜的成绩和长足的进步，但我们必须认识到，相比于其他各项事业，"三农"仍然是我国社会发展的短板，它制约着我国经济的发展，为此中央提出了乡村振兴战略。

治理有效是乡村振兴的基础，当前我国乡村治理水平较低，存在凝聚力不足、人心涣散、基层民主建设滞后等诸多问题。《乡村振兴战略规划（2018—2022 年）》提出了强化党组织的领导核心、夯实基层政权、促进自治法治德治有机结合等举措，为健全乡村治理体系明确了方向。①

我国的基层政权包括农村基层政权和城市基层政权两部分。按照我国宪法和地方组织法的规定，农村基层政权是指由乡（民族乡）、镇人民代表大会与乡（民族乡）、镇人民政府两者有机构成的统一体。

当前，农村多数基层政权建设取得了很大的进步，促进了农村经济的发展，但同时也存在着一些亟待解决的问题，主要表现在以下方面：

---

① 参见《中共中央国务院印发〈乡村振兴战略规划（2018—2022 年）〉》，新华社，2018 年 9 月 26 日。

一、需强化农村基层政权队伍建设

必须加强基层干部队伍的思想建设、作风建设和组织建设,全面提高农村基层干部与党员队伍的素质,树立服务意识、公仆意识;通过建立有效机制,解决基层政权建设意识薄弱的问题,提高基层政权建设的责任感;加强乡村两级领导班子建设,使农村基层政权和基层党组织在农村实现全面建设小康社会的过程中充分发挥组织的保障作用。

二、完善农村民主政治,解决权力结构失衡问题

权力结构失衡主要表现为基层政权内部政府权力过于集中,而乡镇人大的权力被削弱。在一些地方,乡镇人大形同虚设,这就导致了农民失去了行使民主权利的途径,使农民的诉求无法顺畅表达,同时也造成基层政权失去了制约。因此,必须完善农村民主政治,树立乡镇人大的权威,敢于行使法定权利,并要求基层行政部门自觉接受乡镇人大的监督。

三、加大农村基层政权改革力度,使农村基层政权组织机构设置更加合理

行政运行成本高,机构臃肿,办事效率低,是我国农村基层政权组织机构设置不合理的主要表现。虽然从表面上看,一些农村的基层政权部门十分齐全,但实际职能上却有欠缺。这么多机构交织在一起,人浮于事,工作互相推诿,不仅造成财政负担重,而且办事效率低,妨碍农村社会的和谐发展。

因此,必须加大农村基层政权的改革力度,精简基层政权臃肿的机构,撤销不合理的机构设置,规范基层政权机构设置,建立起高效的组织系统,使农村基层政权向灵活自主型、服务型转变。

四、加强基层政权法制建设

当前,一些地方基层政权的法制建设乏力。因此,必须加强基层政权的法制建设,对农村基层政权的社会管理权力、公共服务责任等做出明确的规定,做到有法可依。

另外,针对农村基层干部收入低、工作没动力、无法安心工作的问题,有关部门应根据农村基层政权建设的实际情况,对农村基层干部的选拔、晋升、职责、福利、退休等方面做出明确的规定,让基层干部能够安心工作,踏实工作,使基层干部在农村住得下、留得住、干得好。

五、加强农村的社会治理工作

有个别乡镇,家族、宗族势力严重,不仅影响到了农村基层政权建设,也为社会的良性运行带来弊端。因此,必须加强农村的社会治理工作,一方面要向群众进行正确的思想道德和科学文化教育,让他们树立正确的道德观、法制观、民主观、是非观等,做遵纪守法、勤劳致富的新型农民;另一方面要加强农村社会的治安工作,加大对农村社会治安问题的整治力度。

加强党建助力乡村振兴

2018年,中共中央、国务院印发了《乡村振兴战略规划（2018—2022年）》,该规划指出,要加强农村基层党组织对乡村振兴的全面领导,以农村基层党组织建设为主线,突出政治功能,提升组织力,把农村基层党组织建成宣传党的主张、贯彻党的决定、领导基层治理、团结动员群众、推动改革发展的坚强战斗堡垒。[①]

简而言之,要走好新时代乡村振兴的道路,党建引领是根本。要坚持把党建引领作为推动乡村振兴的保障,党建兴则事业兴,党建强则发展强。那么,该如何通过抓党建促进乡村振兴呢？

一、突出村党组织的领导地位

突出村党组织的领导地位,主要表现在三个方面：

第一,让村党组织成为农村经济社会各方面工作的领导核心。农村基层党组织是党在农村工作的基础,如何领导基层治理、引领农村经济全面发展,将直接影响党的执政根基。农村可根据当地的发展需要,将党员按照职业、

---

① 参见《中共中央国务院印发〈乡村振兴战略规划（2018—2022年）〉》,新华社,2018年9月26日。

特长等方式进行分组，组建环境治理、矛盾调解等功能型党员志愿服务队，拉近与群众的关系，让群众切实感受到党员在为百姓办实事，肯为百姓办实事。

第二，让村党组织成为各种组织的领导核心。目前，一些村党组织依然存在着凝聚力和组织力不强、人心涣散的情况，导致农村工作不好开展，无法在乡村振兴中发挥积极的作用。比如，妇女组织、老人等在基层社会治理方面都能起到很好的作用，如果能将他们充分利用起来，带领他们积极参加到乡村振兴工作中来，必将收获颇多。

第三，让村党组织成为带领群众的领导核心。当前，一些村党组织不愿做、不会做群众工作，无法赢得群众的信任，不能真正把群众凝聚在党组织周围，导致工作无法顺畅开展。我们必须牢记，人心是最大的政治，必须做好群众工作，成为群众的领导核心，才能促进乡村振兴工作的顺利开展。

二、强化党建引领振兴的责任落实

一定要把实施乡村振兴战略放在首位，抓好党建引领乡村振兴的责任落实机制，为全面推进乡村振兴提供有力支撑。主要包括三方面的内容：

一是突出抓人促事，增强乡镇抓党建的力度，强化资金、人才、技术等资源要素的配置。

二是发挥乡党委的领导作用，落实"一岗双责"要求。"一岗"指一个领导干部的职务所对应的岗位；"双责"是一个领导干部既要对所在岗位应当承担的具体业务工作负责，又要对所在岗位应当承担的党风廉政建设工作负责。也就是说，一个单位的领导干部应对这个单位的业务工作和党风廉政建设负双重责任。

三是健全村书记定期交流机制，完善村组织运行规则，落实基层干部党建责任清单。

三、打造过硬基层带头人队伍

要积极推进"不忘初心、牢记使命"主题教育活动,加强教育培养,抓好梯队建设,完善考核等措施。要在打造过硬基层带头人队伍的过程中,充分认识到人才在推动乡村振兴中起到的作用。

比如,可定期组织乡村党组织与企业家开展产业项目洽谈会、对接会,做好城市生产要素向农村转移牵线搭桥工作;实行更加开放、更加积极、更加有效的人才政策,让各类人才在乡村能够大展拳脚,施展才华;加大"三农"领域实用专业人才的培养,提高农村专业人才服务的保障能力。

四、发挥党员示范带动作用

为了发挥党员示范带动作用,首先要继续开展"双培双带"。"双培双带"是新时期农村党建工作的创新载体,是农村党建与经济建设的有效结合点,主要内容是:把党员培养成致富带头人,把致富带头人中的先进分子培养成党员;党员带领群众共同发展,党组织带领致富带头人不断进步。

其次,要加大农村党员和人才"双培养"力度,即把干部培养成党员,把党员培养成业务骨干。深化党员评星定级、党员责任岗示范区、积分管理等做法,通过党员示范带动,弘扬社会主义核心价值观,培育文明乡风。

近年来,随着农村经济的发展,不少大学生毕业后回到家乡创业,他们一方面有文化、有技术,另一方面熟悉家乡环境,对家乡有着深厚的感情,大学生带领乡亲们共同致富的成功案例越来越多。村党组织一定要充分重视这类人才,鼓励、支持大学生回乡创业,并为他们提供优惠政策,为乡村振兴贡献力量。

推进组织振兴，必须选好支书带好路

实现乡村组织振兴，选好带头人是关键。"火车跑得快，全靠车头带"，如何提高班子成员的战斗力、凝聚力，如何让基层党组织成为人民群众的主心骨，村支书发挥着重要作用。那么，村支书应该具备怎样的素质和能力呢？

一、过硬的政治素养

政治素养是党员干部的首要素养，是党员干部"三观"的综合体现。村支书必须忠于党、忠于人民、忠于事业，这是党员干部政治素养的基本要求，要始终坚持和贯彻习近平新时代中国特色社会主义思想，严格执行党的政治路线，遵守党的纪律。

农村是执行和贯彻党的方针政策的最后一环。作为一名优秀的带头人要熟悉党的方针政策，善于用政策解决问题、推动工作，将党的政策转化为乡村振兴的生产力。另外，不能忽视对法律法规的学习。现在人民群众的法制观念、民主和法律意识得到了很大的提高，作为带头人，不能只凭经验做事，要依法办事，否则就会引发群众的不满。因此，村支书必须学法、懂法、守法、用法，才能避免犯错误，才能获得人民群众的信任。

二、过硬的工作能力

作为一名优秀的带头人，有过硬的工作能力，才能更好地为人民服务。

首先，优秀的带头人需要有致富的本领，能带领村民走向共同富裕。当前农村的工作重点就是乡村振兴，人民群众最渴望的事情就是发家致富，村支书要牢记人民的愿望，增强带头致富的意识，要有带领人民群众奔小康的责任感、服务群众的奉献精神以及积极进取的奋斗意识，要结合当地的实际情况，探索出适合本村经济发展的方法，敢于放手去干、去拼搏，努力把经济搞上去。

其次，优秀的带头人要牢固掌握惠民方法，走到群众中去，倾听群众的呼声，关心群众的疾苦，把群众的事情当成自己的事情去办。村支书要办好一家一户解决不了的事情，比如，农村电、路、水、通信等基础设施的建设，要积极地想办法，用实际行动帮助群众克服困难，让他们感受到党和政府的关怀；要重点解决村民关心的热点难点问题，让人民群众享受到真正的实惠；平时要多与群众沟通交流，了解他们所想、所求、所盼、所怨，真心实意地去帮助群众，才能获得群众的认可和支持；要真心实意地去帮助困难群众，为群众解决实际困难，农民富裕了，生活质量提高了，基层政权才能更稳固。

三、优良的工作作风

优秀的带头人要始终把工作作风建设放在心上，并落实到实际行动中去。在面对各种不正之风的诱惑和形形色色的"糖衣炮弹"时，唯有工作作风过硬，才能耐得住寂寞，经得住诱惑，守得住清贫，才能始终保持党员的本色。

首先，一个优秀的带头人，要履行党员的权利与义务，遵守党的纪律与

规章制度,加强党风廉政建设,做到作风建设面前不含糊,不逾矩,不越线。

其次,一个优秀的带头人,要将公道民主作为处事原则,只有具备无私无畏的高尚品格,才能让群众信服,让群众满意。这主要表现在两个方面:

一是办事公道。做任何事情,都要坚持公平公正,特别是在涉及利益问题上,比如低保户的推选审定、惠民补贴的发放、村财务收支等群众关心的热点问题上,一定要按照规章制度执行,按照程序流程办事,绝不能做出贪图私利、厚此薄彼等违背原则的事情。

二是坚持做到民主决策。凡是涉及村里重大事项时,都必须坚持民主原则,按照"四议两公开"的方法开展工作。"四议"是党支部会提议、"两委"会商议、党员大会审议、村民代表会议或村民会议决议;"两公开"是决议公开、实施结果公开。此外,还需增强村务、党务、财务透明度,让群众明明白白,清清楚楚。

农村党支部是乡村振兴的桥头堡

村党支部是党在农村的最基层组织,是本村各种组织和各项工作的领导核心,是团结带领广大党员和群众建设中国特色社会主义新农村的战斗堡垒。

2018年,中共中央印发了《中国共产党支部工作条例(试行)》,该《条例》第十条明确规定:"村党支部,全面领导隶属本村的各类组织和各项工作,围绕实施乡村振兴战略开展工作,组织带领农民群众发展集体经济,走共同富裕道路,领导村级治理,建设和谐美丽乡村。贫困村党支部应当动员和带领群众,全力打赢脱贫攻坚战。"①

农村基层党组织是党在农村工作的基础,在乡村振兴过程中,一线党支部承担着重要角色,发挥着重要作用,乡村振兴离不开党的坚强领导。然而,目前农村基层党组织建设与乡村振兴战略的要求还存在不完全匹配、不完全协调的情况,因此,必须进一步加强农村基层党组织建设。

---

① 《中共中央印发〈中国共产党支部工作条例(试行)〉》,新华社,2018年11月25日。

一、加强农村党支部建设，是实施乡村振兴战略的重要基础工作

农村党员要充分发挥带头作用，提高参加党组织各项活动的自觉性、积极性。党员的工作始终离不开一个强有力的党支部的领导。党支部是党的声音的传达者，党支部将党中央对全体党员的教育、方针、政策传达给每个农村党员，然后通过党员把中央的方针、政策告之每一位村民。在这个过程中，党支部是连接党中央与党员的重要桥梁。在实施乡村振兴战略的过程中，农村党支部建设必须不断加强，使其成为农村党员之家，成为村民团结、脱贫致富等工作的重心。

二、加强农村党支部建设，增强村支部的凝聚力

农村党支部建设要通过管理农村党员干部，来增强村党支部的凝聚力。村民富不富，关键看干部；村子强不强，关键看"领头羊"。农村的党员干部要做好两项工作：一是领会党在农村各项方针政策，二是争做村民致富的排头兵。村党支部则要关注党员干部的心理，关注党员干部和村民在致富过程中遇到的问题和障碍，并及时对其提供帮助，使村党支部成为党员干部和广大村民致富道路中最值得信赖的朋友。

三、强化农村党支部建设，使其发挥乡村振兴的桥头堡作用

农村党支部既是推动乡村全面发展的基础，也是推动乡村全面振兴的关键。作为乡村振兴的最前线以及战略工作的具体执行者，农村党支部应不断提升凝聚力、组织力、行动力，从而在乡村振兴中发挥出更大的作用。提高基层党组织战斗力，需要完善和建立组织生活会、民主评议党员、谈心谈话等基本制度，发挥党员先锋模范的作用，把组织优势转化成乡村治理的效能。

四、强化农村党支部建设,增强村党支部的号召力

村党支部与党员、群众的距离越近,越有利于开展工作。在《中国共产党支部工作条例(试行)》中对于党支部的工作有明确的说明,如村中重要事项、与群众利益密切相关的事项,都必须经过党支部党员大会的讨论,才能提交表决;有半数以上有表决权的党员到会,才能进行表决;赞成人数超过应到会有表决权党员的一半才能通过。① 只有村党支部的领导权得到保障,才能增强号召力,才能顺利开展农村工作,发挥出村党支部的领导作用,带领村民共同致富,将乡村治理得更加美丽。

五、农村党支部要加大对人才的引进和培养

乡村振兴离不开人才的振兴,人才的振兴是乡村振兴的基础,因此,一定要创新人才工作机制,激发乡村现有人才的活力,鼓励和引导城市人才来乡村发展和创业。当然,在引进人才的同时,我们也不能忽视了本土人才的培养。

2021年,中共中央办公厅、国务院办公厅印发《关于加快推进乡村人才振兴的意见》,强调要"推动村党组织带头人队伍整体优化提升",要求"注重从本村致富能手、外出务工经商返乡人员、本乡本土大学毕业生、退役军人中的党员里培养选拔村党组织书记"。②

全面实施乡村振兴战略的工作难度一点儿都不亚于脱贫攻坚,因此必须完善政策体系、制度体系、工作体系,必须利用更有力的举措,去汇聚更强大的力量,在进行村社换届中,一定要选优配强党组织带头人。

---

① 参见《中共中央印发〈中国共产党支部工作条例(试行)〉》,新华社,2018年11月25日。
② 参见《中共中央办公厅 国务院办公厅印发〈关于加快推进乡村人才振兴的意见〉》,新华社,2021年2月23日。

第四章

产业振兴：乡村振兴的重中之重

乡村振兴，产业先行

乡村振兴战略的总要求包括五个方面，即实现产业兴旺、生态宜居、乡风文明、治理有效、生活富裕。其中，产业兴旺是乡村振兴战略的基础，乡村要振兴，离不开主导产业的支撑。

如今，农村的青壮年大多到城市打工、谋发展，农村只留下老人和孩子，"农村空心化"现象非常明显。留在家乡就业、在家门口实现丰衣足食，是很多农村外出务工者的梦想，这样不仅能减少外出打工的成本，最重要的是能够照顾老人，陪伴孩子。

因此，合理选择和培育主导产业，不仅能够有力地支撑农村经济的社会发展，也能解决农村人的就业问题，实现农民增收。如此一来，乡村才有了人气和活力。

一、乡村振兴，为何产业先行

发展产业是实现脱贫的根本办法，它不仅是农民增收、实现脱贫致富的基础，也是巩固拓展脱贫攻坚成果、实现持续增收的长效举措。虽然我国已经取得了脱贫攻坚的全面胜利，但仍有一些地方的脱贫根基并不牢固，这是由于可持续发展与农村持续增收还存在短板制约，此外，市场形势变化也给脱贫产业发展增加了风险性。这就需要加强对脱贫地区产业发展的后续扶持，培育产业的可持续发展能力，加快特色产业提升工程，从而提高产业的竞争力。

产业振兴能够促进城乡经济的循环。全面建设社会主义现代化国家，最艰巨的任务在农村；解决好发展不平衡的问题，难点在"三农"，当前农业农村依然是现代化建设的薄弱环节，在扩大内需与形成强大的国内市场方面，农村有巨大的发展空间和发展潜力。加快发展现代农业，提高农业供给体系的效率，既能确保我国粮食安全，又有利于实现农业与工业的良性循环。此外，发展壮大乡村产业，促进三大产业融合发展，可以扩大农业就业，为农民创收，把乡村生产融入到现代产业体系中来。

总之，产业振兴是乡村振兴的重中之重，要坚持精准发力，立足特色资源，关注市场需求，发展优势产业，促进三大产业融合发展，更多更好地惠及农村农民。

二、乡村产业如何振兴

2018年，习近平总书记在四川省考察乡村振兴工作时明确指出："党的十九大提出实施乡村振兴战略，这是加快农村发展、改善农民生活、推动城乡一体化的重大战略，要把发展现代农业作为实施乡村振兴战略的重中之重，把生活富裕作为实施乡村振兴战略的中心任务，扎扎实实把乡村振兴战略实施好。"[①]

乡村产业振兴的重点是要振兴现代农业。一方面，振兴现代农业能够确

---

① 《习近平春节前夕赴四川看望慰问各族干部群众 祝福全国各族人民新春吉祥 祝愿伟大祖国更加繁荣昌盛》，《人民日报》2018年2月14日。

保我国粮食安全；另一方面，振兴现代农业有助于实现城乡产业协调发展。因此，乡村产业发展必须要立足于现代农业，并在此基础上发展其他产业。

那么，该如何振兴现代农业呢？具体说来，应做好三点。

首先，树立正确的产业效益观，不能片面地追求经济效益，应注重经济效益、社会效益、环境效益的结合。所以，在任何时候都不能忽视农业，不能淡漠农村，不能忘记农民，要将强农惠农富农政策贯彻到底。

其次，必须坚守农业生态化，农业生态化是确保农业产业经济效益、社会效益、环境效益得以实现的根本途径。

最后，努力实现农业产业的"三稳定"，即尽可能地实现生产稳定、尽可能地实现流通稳定、尽可能地实现农产品价格稳定。

除了做好以上三点外，还应进一步延伸现代农业产业链，提高产业的价值空间，将现代农业与工业进行有机结合，在农村发展农产品加工业，既服务于农业，又有利于提高农民收入。要将农民与文化紧密结合，提高农产品的文化品位，把消费产品提升为消费文化，并大力创建品牌农业。要将农业与休闲、康养进行有机结合，发展休闲、康养农业，如观光农业、体验农业等，并在以上基础上，使乡村旅游等资源得到进一步开发，以形成农业产业与旅游、康养、休闲一体化发展为最终目标。

总之，发展乡村产业，要立足于乡村的特色资源，关注市场需求，精准发力，培养特色优势产业。比如，一些农村通过调研发现，艾草种植有一定优势，便组织村干部去先进地区学习经验，通过一番努力，艾草深加工项目正式开工建设。投产后，项目不仅解决了农民的就业问题，更为重要的是实现了规模化种植、品牌化经营、资本化运作，形成了高技术含量、高附加值的产业链。

乡村产业发展存在哪些难题

乡村振兴是以农村经济发展为基础的,所以,在五大振兴目标之中,产业振兴排在乡村振兴的第一位。我国改革开放虽然走过了40多年,但乡村产业发展仍相对落后,乡村产业发展还存在着以下问题:

一、传统生产方式竞争力不足

我国传统的单家独户的小农经济生产方式的生产成本较高,生产效率与投入产出都比较低,与发达国家相比,市场竞争力不足。

要改变这一现状,必须改变单家独户的小农经济的生产经营方式,从传统的种植业向"农、林、渔、牧、旅"的大农业转变,延长乡村产业链与价值链。建立以家庭经营为基础、合作和联合为纽带、社会化服务为支撑的现代农业经营体系;兴办家庭农场、农业企业、农村合作社等,壮大新型农业经营主体;把农产品作为载体,建立产供销一体化的乡村产业链条;构建农业与二三产业融合的乡村产业体系。

二、乡村产业发展缺乏相关资源

乡村产业发展是一项系统工程,涉及面非常广,包括资金、人才、技术、市场、渠道等。此外,乡村产业项目投资大,周期长,见效慢,加之村民与村干部文化素质低,意识理念落后,使乡村产业发展受到一定的制约。

针对乡村产业发展缺乏相关资源的现状,应利用好工商企业的优势,将其与乡村的土地资源、自然资源、人力资源、特色资源等进行有机融合,走农工商贸旅相结合的乡村产业发展道路。

三、乡村产业发展机制有待完善

乡村产业发展要取得较好的效果,必须形成完善的产业链,才能实现集约化、规模化经营,从而做大产业规模,提高产业附加值。但目前我国不少地区的乡村产业发展机制还不够完善,比如,缺乏与乡村产业发展相配套的优惠政策,融资机制不完善,乡村产业项目融资非常困难等。

改变这一现状,要多措并举。比如,各区县必须制定出乡村产业振兴实施细则,对乡村产业发展的原则、方式方法、流程等相关问题进行明确规定;对乡村产业发展涉及的资金、信息、人才、市场等方面,进一步完善相关的优惠政策;建立乡村产业发展的激励机制和协调机制;整合社会资源,以农工商贸旅相结合的方式发展乡村产业等。

四、乡村产业振兴发展规划滞后

2018年,中共中央、国务院发布了《关于实施乡村振兴战略的意见》,对新时代实施乡村振兴战略的相关工作进行了全面部署与安排。① 但是由于

---

① 参见《中共中央 国务院关于实施乡村振兴战略的意见》(2018年1月2日),新华社,2018年2月4日。

我国各地区的实际情况千差万别，采用同一种模式发展乡村产业是不现实的，这需要各地根据当地的情况制定出因地制宜的乡村产业振兴发展规划。

各地制定出合理的乡村产业振兴发展规划，才能明确乡村产业发展的方向、目标、计划，才能有条不紊地开展工作。当然，制定乡村产业振兴发展规划不能靠拍脑瓜，首先要进行全面深入的调研与论证，然后根据各乡镇、行政村的具体情况进行统筹规划布局，明确产业发展方向与战略目标，并选择实现战略目标的具体路径，制定相关的策略、方式。需要提醒的是，在乡村产业振兴发展规划正式出台前，要组织相关专家、政府官员、企业家等进行科学论证。

五、土地流转行为不够规范

加快土地流转，实现土地的规模化、集约化经营，是发展现代农业必须要走的一条路。但是土地问题与村民的利益息息相关，如何在土地流转过程中有效保障村民的土地权益，是必须要考虑的问题。

目前，我国在土地流转过程中存在着不少问题，比如土地流转形式怎样选择，如何确定流转价格，流转风险怎样防范等，都没有相关的制度规定，这会造成农民的土地权益得不到有效保障。

为了保障村民的合法权益，各区县必须制定土地流转管理实施细则，对土地流转年限、土地流转形式、土地流转价格、土地流转风险防范等相关问题进行明确的规定，这对完善土地流转服务管理体系，建立履约风险保障金制度、土地流转招拍挂制度等都有重要的意义。

促进乡村产业发展的政策思路

实施乡村振兴战略，要以乡村产业发展为基础，树立新的农业产业发展思路，提出有利于我国产业发展的政策建议。

一、促进乡村产业发展的思路

乡村产业发展思路要以乡村振兴为落脚点，顺应农业供给侧改革的要求，推动乡村产业发展思路的转变。

1. 构建新型农业生产体系，树立大农业观念，延长产业链，提升价值链

乡村振兴战略实施以来，农业产业发展取得了一定的成绩，但是农产品附加值低、农业产业链条短的问题依然存在，严重影响了农业产业综合效益的提高。这要求我们必须跳出限制，要有大农业思想和观念，谋划出新型农业产业发展的思路。

比如，促进一二三产业的有机融合，实现第一产业强、第二产业优、第三产业灵活的模式，这样农民才能够享受全产业链条上的全部利益；发展农产品精加工和农村休闲观光旅游，提高全产业链的价值。

2. 构建新型农业供给体系，农业产业发展应侧重质量

目前，我国农业供给侧结构矛盾突出，一方面是由于一些农产品的供给出现了生产过剩，另一方面是我国城乡居民的消费水平提高，造成一些农产品不能满足人们对质量和品牌的要求。

这说明我国农业产业的发展应从过去的追求数量向追求质量转变，在谷物基本自给、口粮绝对安全的前提下，对农业生产体系布局进行调整，使其适应消费升级的需要，从而为消费者提供高品质的农产品，形成数量供给充足、品质更佳、结构更合理、保障更有力的农业产业供给体系。

3. 加强对新型农业经营主体的培养

目前，我国农业产业经营体系依然是以家庭经营为主，小农户数量庞大，且难以适应竞争激烈的开放性市场，造成了他们与现代农业的衔接日益脱轨。

所以，必须加强对新型农业经营主体的培养，一方面要支持农业专业合作社、家庭农场、种养大户等新型农业经营主体的壮大，另一方面要采用土地流转入股、农业合作、农业生产托管等形式扩大农业经营规模。

二、促进乡村产业发展的政策建议

农业产业发展是一项庞大且复杂的系统工程，在新的农业产业发展思路的指导下，我们应从以下方面入手去实现农业产业的振兴：

1. 重新整合农业产业发展的优势资源

农村制度改革滞后，且农村拥有大量闲置资源，只有通过深化农村综合改革，才能让农村产业重新焕发活力，主要包括深化农村土地制度改革、深

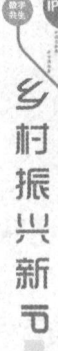

化农村集体产权制度和加大农村人居环境综合整治力度等。

2. 构建生态高值农业的产业体系

生态高值农业是充分应用现代及未来新材料、新装备、新能源以及新信息技术、新生物技术等武装起来的农业高新技术体系与生产模式，以提高农村生产能力、产业化水平、比较效益和竞争力。

构建生态高值农业的产业体系是推进乡村一二三产业融合发展的重要抓手，可以从三个方面入手：一是大力发展生态高值粮食产业；二是大力发展功能性农业；三是发展"生态高值农业＋大健康"，实现对消费者的健康综合管理。

3. 发展现代绿色高效农业

"绿水青山就是金山银山"，促进农业产业发展，必须走现代绿色高效农业的发展道路。首先，要立足实际，科学规划，加强顶层设计；其次，切实开展绿色农业行动，比如农药化肥的减量、畜禽废物的资源化利用等；最后，建立农业绿色发展的补偿机制，提高推行绿色生产方式的积极性，以及提升绿色农业发展的技术应用水平。

4. 推动农业科技创新

要充分发挥科技创新在农业产业化发展过程中的作用，比如，加强推动农业科学技术和农业产生的联系，以解决农村生产中面临的重大问题；健全农业科技创新体系，提高农业科技供给水平；建立农业科技创新协同机制，促进产学研、农科教的结合。

5. 培育农业生产性服务业

我国"人多地少、大国小农"的特殊国情，决定了小农户会长期存在。

小农户的分散性经营会制约规模化、集约化的现代农业发展，因此，必须增强农业生产性服务业的培育，比如，推动资源要素聚集于社会化服务，解决农业生产中和广大农民的服务需求，使服务需求与服务供给有效对接。

中国乡村产业发展的多元化特征

中国乡村产业发展必须依据中国供给来解决中国需求，依靠中国资源来解决中国问题。我国乡村产业发展的多元化特征主要表现在以下方面：

一、资源禀赋多元化

我国的农业资源呈现人多地少、资源匮乏的基本特征，从地域分布上看，不同区域的资源有较大差异，从而导致了我国的农业资源呈现多元化的特征。

与日本的精细农业、美国的资源农业、荷兰的设施农业、以色列的旱作农业等农业模式相比，我国农业呈现出资源禀赋多元化的特征，这一特征也造成了我国农业模式的多元化，在不同的区域采取不同的农业模式。

比如，在东北地区，人少地多，适合进行大规模粮食生产，而且这里有非常适合植物生长的黑土地。黑土地是世界上最肥沃的土地，东北的黑土区粮食年产量约占全国五分之一，是粳稻、玉米等商品粮主要供应地，粮食商品量、调出量高居全国首位。

西北地区包括陕西省、甘肃省、青海省、宁夏回族自治区、新疆维吾尔自治区，这些地区土地资源丰富，但干旱缺水，是困扰西北地区农业转型发展的主要障碍之一。这里适合发展旱作农业生产，适宜种植旱地农作物，如小麦、棉花、大豆、青稞、土豆、大枣等。

中东部地区的农业资源呈现多样化的特点，在劳动力、技术资源方面具有明显优势，因此这些地区适合发展多样化农业和都市农业。

西南地区包括重庆市、四川省、贵州省、云南省、西藏自治区，这些地区水资源丰富，山区与丘陵同时存在，适合发展特色农业，可种植水稻、小麦、玉米和油菜等。

总之，资源禀赋多元化的特点决定了产业发展类型的多元化，我国必须在不同的资源禀赋和农业生产条件的基础上，发挥不同区域农业的优势，因地制宜地制定乡村产业发展的路径。

二、产业形态多元化

产业形态指经济体系中产业类型、产业结构、产业地位、产业关系、产业体系、产业发展趋向等产业状态。

从传统农业的角度来看，我国农林牧副渔产业门类齐全，不仅能够提供全球多元的农产品种类和农业产业类型，还能满足城乡居民多样化的农产品需求。从新产业新业态来看，如功能农业、体验农业、观光农业等新兴业态呈现蓬勃发展的态势，使我国农业产业的类型更加丰富。曾任农业部农村经济研究中心主任、中国农业大学校长的柯炳生教授认为，未来我国的农业将呈现以下五种形态：

1. 规模化大田种植业

规模化大田种植业适合的主要区域在东北、华北、西北和长江中下游等

地区，这些地区有连片的平原，适合进行大规模机械化作业，西北地区主要适宜种植棉花，东部地区主要适宜种植小麦、水稻和玉米。

2. 现代设施园艺业

现代设施园艺业的主要区域位于东部发达地区和城市郊区，以综合性与集成性为主要技术特征，包括土肥植保技术、病虫害防治技术、温控技术、栽培模式技术等，可种植的产品类别为蔬菜、水果和花卉。设施园艺业的优势明显，比如，受天气影响小，产出率高，生产流程可控，产品质量、规格和安全性好等。

3. 现代林果业和土特种养业

我国丘陵、山区面积大，且地块零散，无法进行大规模机械化种植，但适合发展林果业、野菜草药等土特产品种植业，以及土鸡等特种养殖业。

4. 集约养殖业

集约养殖业包括猪禽牛羊和水产养殖等，这是一系列技术的综合和集成，其中包括饲料技术、环境控制、养殖设施、疾病控制等。

5. 乡村旅游度假业

如今，乡村旅游度假业在各地如火如荼地进行，城市化的快速发展让人们对故乡的思念愈加浓烈。农村基础设施的改善，让乡村变得更有魅力，使农村成为令人向往的地方。

三、经营主体多元化

由于我国各地经济社会发展的不平衡，以及农业资源禀赋的不均衡，使得农业经营主体呈现多元化的特点。当前，以家庭经营为主的小规模农户仍然占有较大比例，同时新型农业经营主体正在蓬勃发展，如家庭农场、农民合作社、农业企业及农业社会化服务组织等新型农业经营主体日益增多。此外，还包括国有性质的经营主体如黑龙江农垦，以及集体性质的经营主体。

第四章 产业振兴：乡村振兴的重中之重

乡村产业发展的模式

由于我国各地都是立足当地资源禀赋和市场需求,来拓展产业空间、创新产业形态,推动农村一二三产业融合发展的,因此,催生了多种多样的乡村产业发展模式。

一、强势农业型

强势农业型产业发展模式,需强化基础设施建设,突出先进装备的应用,发挥资源禀赋优势和规模化特征突出、组织化程度高、产业体系健全的优势,提高粮食综合生产能力和商品粮保障能力。

黑龙江北大荒农垦集团就是强势农业型的典型代表,黑龙江北大荒农垦集团以垦区集团化、农场企业化为主线,促进资源资产整合、产业优化升级,建设现代农业大基地、大产业、大企业。①

二、链条延长型

通过深挖主导产业的增值潜力,促进农业产业链向前向后延伸,将农资

---

① 参见《乡村振兴,重点推出的5大产业发展模式》,腾讯网,2022年5月5日。

供应、农业生产、农产品加工销售、服务等一系列环节连接起来，从而形成产加销一体化的生产经营格局。

山西省大同市云州区已经有600多年的黄花种植史，素有"中国黄花之乡"美称，这里盛产的黄花角长肉厚，曾多次荣获农产品博览会金奖。目前黄花种植已经成为当地农民增收致富的支柱产业。

不仅如此，云州区还依托黄花产业、40天花期、乡土文化、近郊区位等资源，发展农业与生态旅游、文化康养等，建成了忘忧大道、忘忧农场、火山天路等黄花采摘观光、健康养生等旅游景点，并和大同的火山群国家地质公园、峰峪国家湿地公园、西坪国家沙漠公园连成一线，形成了山水田林湖景观，大大拓宽了产品类别，提升了市场竞争力，提高了农民的物质生活水平。[1]

三、区域发展型

区域发展型是指依托当地资源，培育发展优势主导产业，从而带动乡村产业的发展，提高农民收入。

苏州太湖现代农业示范园核心区位于苏州市吴中区的临湖镇，该园区围绕"一只蟹""一粒米""一朵花"三大主导产业发展特色农业，实现了水稻全程机械化，基本建成大田、园艺、水产智能化体系，农产品电商的发展也取得了一定的成绩，"江南味稻"品牌大米获得江苏省首届"好吃苏米"金奖、"江苏好粮油"产品称号。

此外，该园区还推出了"一年四节"，即插秧节、油菜花节、稻田画节、丰收节，并成功举办了省园博会、农业文化旅游节、市农民丰收节等活动，促进了农、文、旅的融合。[2]

---

[1] 参见《云州区黄花产业扶贫经验做法》，大同市云州区人民政府官网，2020年5月19日。
[2] 参见《苏州太湖现代农业示范园成功入围国家级示范园——"四个转变"探索乡村振兴文旅融合发展之路》，《中国青年报》2019年7月18日。

四、功能拓展型

功能拓展型是指通过拓展产业功能的边界，打破一二三产业之间的界限，实现三大产业的有机融合，使其优势得到互补，用新的产业形态满足市场的新需求。

北京德青源农业科技股份有限公司以蛋鸡产业为抓手，发展关联产业，带动农民致富。德青源公司在全国十多个省地投产了二十多个金鸡项目，金鸡产业园通过玉米订单种植、包装材料、物流运输、临时劳务等上下游产业，提供稳定的采购订单，鼓励农民围绕产业链进行创业就业。①

江苏连云港经济技术开发区朝阳街道产业融合发展先导区以黄桃产业为核心，打造"种植+加工+旅游"的发展模式，将农户、基地、加工销售与生态旅游进行有机融合，带动农民实现增收。②

五、集体带动型

农村集体经济组织发挥"统"的优势，通过专业合作、股份合作等方式，并结合当地的情况，因地制宜地发展现代农业和农村二三产业，壮大农村集体经济，带领农民走向共同富裕。

湖南宁乡市的农村近几年来经济发展越来越好，人们的生活水平芝麻开花——节节高。最初村里就是种植稻谷+稻草，没有产业，农民的生活水平较低，青壮年纷纷外出打工，家里的田地还要花钱请人种植。

后来，村里尝试进行土地改革，将零散的田地进行整合，组建土地合作社，农民以土地经营权入股，合作社将耕地对外租赁。为了让土地实现增值，

---

① 参见《全国乡村产业高质量发展"十大典型"》，农业农村部乡村产业发展司，2021年3月2日。
② 参见《连云港韩李村：小果子撬动特色大产业》，《江苏经济报》2020年6月29日。

合作社将耕地划分成生产片区，租给那些新型职业农民来种植，采用"水稻+生态"的种植模式，将鱼、虾、鳖和水稻进行混合种养，并建成了柑橘、葡萄等特色农业产业基地，发展农业休闲旅游。如此一来，全村4000多亩土地全部实现了"双种双收"。如今，农民既可以获得租金收入，还能享受土地合作社的二次分红。当然，如果农民愿意种地，还可以获得一笔劳动工资。[①]

[①] 参见《经济日报专版宣传推介湖南农村一二三产业融合发展经验》，湖南省发展和改革委员会官网，2017年5月3日。

我国乡村产业发展的机遇与挑战

实施乡村振兴战略是党的十九大作出的重要决策部署,是做好"三农"工作的总抓手。在乡村振兴的背景下,乡村产业迎来了难得的发展机遇,同时也面临着一定的挑战。

一、乡村产业发展的机遇

当前乡村产业发展面临的机遇主要表现在三个方面。首先是政策驱动增强。在乡村振兴战略的背景下,坚持农业农村优先发展,使得更多的资源要素向农村集中,"新基建"大大改善了农村信息网络等基础设施,加快了城乡融合的发展进程,乡村产业发展的环境也越来越好。

其次是市场驱动力增强。由于消费结构升级的步伐加快,城乡居民的消费需求呈现出高品质化、多样化、个性化的特点,健康养生、休闲观光等消费方式逐渐发展成为一种趋势,乡村产业发展有着广阔的市场空间。

最后是技术驱动力增强。随着科技的发展与进步,生物技术、人工智能在农业中得到了广泛的应用,物联网、5G、云计算、区块链等与农业交互联动,涌现出了不少新产业新业态的模式,推动了乡村产业的转型升级。

二、乡村产业发展面临的挑战

产业兴,百业兴。产业兴旺为农业农村各项事业的发展奠定了坚实的物质基础,但是当前我国乡村产业发展还面临着一些问题与挑战,主要表现在以下方面:

1. 一二三产业布局不够合理

目前,第一产业主要以供应原料为主,产业链较短,向后延伸力度不够充分,应建立从产地到餐桌的全供应链。第二产业连接两头不够紧密,农产品精深加工不足,农产品加工转化率非常低,副产物综合利用程度不高。第三产业发展滞后,农村生产生活服务能力低下,乡村的价值功能尚未得到充分的开发。

2. 乡村基础设施建设条件有待改善

乡村基础设施建设是实现乡村产业发展的重要基础。目前,乡村基础设施建设与城市基础设施、公共服务相比,还有相当大的差距,比如村庄道路建设、路桥和水利建设,以及旱厕改造等。

3. 农村产业在类型、规模等方面不平衡

有些乡村的产业非常单一,仍然以传统种植业为主,其他产业基础非常薄弱。就传统种植业而言,各个地方在经营模式上也存在着较大差距,有的地方种植技术落后,耕种方法陈旧,机械化程度较低,在经营方式上以粗放型为主,集约化水平较低。此外,农药、化肥的用量较大,导致环境污染严重,土地质量退化。

针对该问题,应推进体制机制创新,引导农户通过土地经营权的流转,

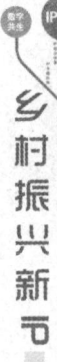

形成规模化、集约化的生产经营格局,通过培养种植大户、龙头企业、家庭农场等新型农业经营主体,将小农户引入现代农业发展轨道上来。

4. 乡村产业缺乏人才

由于农村的青壮年多流向城市,导致农村产业发展的人力资源短缺,农村老龄化形势严峻,农村劳动力受教育的水平也相对较低,导致乡村"三农"带头人的数量及能力不足。主要表现为村内党员数量较少,年轻党员所占比例较低;现任村干部受教育的水平虽然高于前任,但整体的学历水平仍然较低,受过高等教育的人较少;村干部到异地工作的经历比重较低,拥有的个人资源有限,且经营管理经验不足。

总之,农村产业发展既缺少与市场经济要求相适应的营销、经管、金融、电商等人才,也缺少和乡村产业发展相符合的本土实用技术人才。

针对乡村产业缺乏人才的现状,要加快实施新型职业农民培训工程,让本土人才迅速成长起来,涌现出越来越多的"土专家""乡创客"等。此外,还要引导更多的青年人返乡下乡创业,并在资金、税收等方面给予政策扶持,让他们愿意扎根农村,为乡村产业振兴贡献力量。

5. 缺少特色产业

在乡村产业发展中,私营企业是最活跃的主体,带动就业的能力较强,但乡村企业发展仍然存在较大的地域差异、乡村特色产业发展规模受限等情况。针对这种现状,应以本村资源禀赋为基础,大力发展特色产业,进一步激发私营企业的积极性,支持农户个体和企业从事乡村特色产业的经营,并在信息供给、产业规划等方面提供政策支持。

第五章

人才振兴：乡村振兴的重要基石

乡村人才振兴的重要战略地位

乡村振兴是一项巨大且复杂的社会经济系统工程,包括产业振兴、人才振兴、文化振兴、生态振兴和组织振兴,其中乡村人才振兴在整个乡村振兴系统工程中占有重要的战略地位。

一、人才振兴为乡村产业振兴提供人力资源保障

推动乡村产业振兴,就是要建立现代农业产业体系,使农村一二三产业有机融合,延长农业产业链,发展乡村新产业新业态,拓展农业多种功能,促进乡村产业的发展,使农民获得更多的增收渠道;构建新型农业生产体系,就是要围绕发展现代农业,夯实农业生产能力基础,提升农业综合生产能力,保障国家粮食安全以及主要农产品的供给;构建新型农业经营体系,一方面要培育新型农业经营主体,另一方面不能忽视小农户和普通农民,应发展家庭经营、集体经营、企业经营和合作经营,照顾好各方利益。

那么,构建现代农业产业体系、农业生产体系、新型农业经营体系需要依靠谁呢?当然是各类人才,其中包括生产人才、经营人才和管理人才,所以,乡村产业振兴最终依靠的是人才的力量,乡村振兴是以人才振兴为基础的。

二、乡村生态振兴离不开人才的参与

乡村生态振兴的关键是加快农业转型升级,减少化学农药的使用量,使畜禽粪污、农作物秸秆等资源得到有效利用,农业特有的生态功能得到充分发挥,让农业成为生态产品的重要供给者。

以上目标要顺利实现,生态环境保护人才是不可或缺的。他们需要做好农民的工作,让农民转变思想,不能为了经济效益而不惜破坏生态环境,而要成为生态环境的保护者和生态产品的提供者,以绿色发展为引领,来促进乡村的生态振兴。

乡村农业绿色发展,一方面应加快农村人居环境整治。对于农村污水、垃圾等环境问题要加强治理,推进农村"厕所改革",使人居环境得到有效改善。另一方面要完善农村生态基础设施。生态基础设施是保持、改善和增加生态系统服务必备的一系列条件和组合,包括湿地、农田、生物滞留池等,使农村成为生态涵养的主体区。

三、人才是乡村文化振兴的组织者

原始的种植业是我国农耕文化的起点,农业的发展让人类定居下来,中华文化也由此开始形成,可见中华文明根植于农耕文化,乡村是中华文明的载体。乡村文化要实现振兴,就要以乡村公共文化服务体系建设为载体,培育良好家风、淳朴民风、文明乡风,要使重信守诺、勤俭节约等中华优秀文化在乡村兴盛起来。

很显然,乡村文化要振兴,离不开大量有文化素养的文化工作者的参与,需要他们宣传、弘扬社会主义核心价值观,提高农民的素质。当然,乡村文化振兴也需要优秀文化传承人才、文化旅游人才和文化产业人才。

比如，浙江省淳安县枫树岭镇下姜村将红色旅游资源和新农村建设有机结合，打造"红色旅游之乡"，赋予新时期红色旅游新的内涵。该村创办了基层干部培训基地和浙江省"红绿蓝"三色现场教学基地，打造党员干部考察特色路线，丰富红色业态。

同时充分发掘当地的传统文化，篾匠铺、石头画坊、打铁铺、狮城酒坊等项目先后落户，编草鞋、编竹篮、打麻糍、磨豆腐、牛耕田、开蜂蜜等农事体验活动丰富多彩，让各种旅游休闲业态精彩纷呈。①

四、人才为乡村组织振兴提供了基层组织人才

实现乡村组织振兴，要做好三项重要工作：一是加强农村基层党组织建设，选好带头人，提高乡村治理能力，使农村社会安定有序，农民安居乐业；二是加强农村基层党组织和党员队伍建设，加大培养选拔农村党组织带头人力度；三是进一步完善村民自治制度，规范民主选举程序。

以上三项重要工作都离不开人才的助力，需要有能够胜任议事、办事和促进自治法治德治有机结合的村民人才。由此可见，乡村组织振兴离不开人才的振兴，两者紧密相连。

通过以上分析，我们可以发现乡村振兴归根结底需要各种人才的参与和贡献，只有解决了人才问题，才能确保全面推行乡村振兴战略的顺利实现。

---

① 参见《做好"四个盘活" 推进乡村振兴——浙江省杭州市下姜村》，国家发展和改革委员会社会司，2020年11月25日。

乡村人才振兴的"两难"问题

乡村振兴的关键是人才振兴,人才是实现乡村振兴的重要保障和支撑,也是最重要最紧缺的资源。在乡村人才振兴过程中,当前普遍面临两大难题。

第一大难题是缺乏在乡村工作的专业人才,而引进又很难。乡村工作的专业人才包括农业专业技术人才、农村应用型技能人才和农村经营管理人才等。但是目前各大高校,即使是以农业类为主体的高校,也普遍以农业科技为主,很少有对农业技能和农村管理等人才的培养专业,职业技术学院或者技师学院也很少有培养农村人才的专业,这导致了乡村工作的专业人才奇缺。

即使有这类人才,乡村要引进也很困难,因为绝大多数人觉得基层条件艰苦,工作辛苦,生活也很清苦,都不愿意下到基层去。此外,基层人才政策体系也不够健全,待遇保障都跟不上,很难吸引人才来到乡村。

第二大难题是乡村留住人才难。本身乡村人才流失就非常严重,很多乡村的青壮年都去了城市发展,村里留下的大多是"童子军"和"夕阳红"

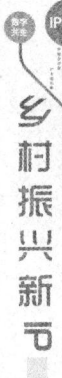

群体，农村人才流失现象非常明显，农村发展所需要的人才得不到有效补充。

另外，相对城市来说，乡村产业不集群，产业链条不够完整，配套服务跟不上，这些都严重阻碍了有一定知识和技能的人才的发展空间，使人才的个人价值难以实现，从而导致乡村人才"干不长、呆不久"的现状。

那么，该如何破解乡村人才的"两难"问题呢？可以从以下几个方面入手：

一、加强宣传，吸引青年人投身乡村振兴工作

乡村振兴离不开人才的支撑，要加强对乡村人才振兴的宣传，通过宣传使青年人愿意到乡村工作，并且愿意扎根在乡村工作和生活。

二、提高待遇，让青年人愿意到乡村来

宣传的目的是让青年人对乡村有所了解，吸引他们的注意力，但是要想真正留住他们，还应该想办法提高待遇，比如提供人才安家补助、工作补贴等物质待遇，让他们感受到被尊重、被重视，以弥补乡村客观存在的劣势，才能吸引人才扎根到农村。

三、提供广阔的发展空间和平台

青年人都想大展拳脚，有一番作为，如果乡村的发展受限，不能给人才提供广阔的平台和发展空间，就很难让人才踏踏实实地干下去。这需要我们坚持以人才为本，打破基层人才成长的天花板和僵化的模式，不能论资排辈、按部就班，否则就无法为人才提供足够的发展空间。

另外，我们要深化与校（院、企）的合作，使技术、资金、信息等重要要素流向乡村，健全完善乡村产业体系，扩大乡村产业的规模，提高乡村产业效益，为人才发挥作用、实现价值提供机遇，创造条件。

四、培养新型职业农民

以职业农民为主体并主导经营的农业生产模式将是我国未来农业发展的重要支撑，因此一定要重视新型职业农民的培养，全面建立职业农民制度，各中、高等院校应结合农村发展的需要，设立相应的专业，尤其是农村应用型技能人才培养专业，为乡村振兴做好人才的输送。

此外，对于具有学习能力的农民，要通过学费补助、免费培训等形式，鼓励他们去学习，提高工作技能，更好地为乡村振兴贡献力量。

五、发挥新乡贤的作用

由农村走出去的党政管理、高级管理人才较多，有一部分人才在退休后愿意回到农村老家去生活，他们有知识、有文化、善经营、懂管理，在农村的威望较高，也有浓厚的家乡情节，愿意为家乡的发展出谋划策，贡献自己的力量。

因此，对于这些新乡贤，应适当调整农村落户政策，允许他们回到原籍落户，对于没有住房的，在经过当地村民自治组织的同意后，可以在原籍农村建房安家，这些新乡贤的回归势必会给乡村的发展带来新的生机与活力。

此外，要想留得住人才，良好的环境也很重要。一方面要让人才有归属感，比如，定期举办人才座谈、主题沙龙等活动，聆听人才的心声，了解他们的困难，帮助他们解决困难。另一方面要让人才有幸福感，比如，要有配套的家属就业、人才就医、子女就学等相关服务。

乡村振兴需要哪类人才

孙中山曾经说："治国经邦，人才为急。""国家发展靠人才，民族振兴靠人才"，乡村振兴战略是国家重大的决策部署，它的实施需要人才的助力。那么，乡村振兴需要哪类人才呢？

一、创新型人才

乡村振兴战略的实施离不开创新，要创新就必须培养一批优秀的农业创新型人才。国家或者地区重点扶植的实验室、高校智库等科研院所以及具有创新能力的企业往往是农业创新型人才的集中地，他们能够对农业新产品、新技术和新方案的研发、推广、应用提出实用性见解，创造出超过投入成本的价值，甚至能够将研究成果转化为生产力，推动农业高质量发展。

二、新型职业农民

发展现代农业，推进城乡一体化发展，离不开新型职业农民这一主力军，新型职业农民是以农业为职业、具有相应的专业技能、收入主要来自农业生产经营并达到相当水平的现代农业从业者。

新型职业农民可分为生产经营型、专业技能型、社会服务型和管理型职业农民四种类型。

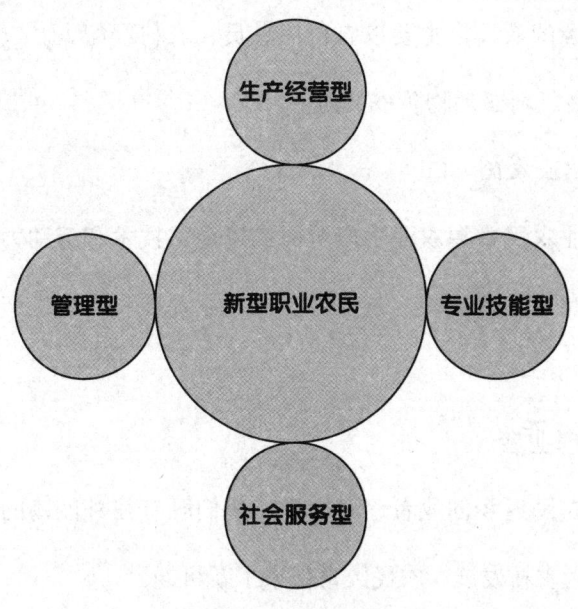

图 5-1 新型职业农民

1. 生产经营型职业农民

生产经营型职业农民,指以农业为职业,占有一定资源,具有专业技能,有一定的资金投入能力,并且以农业为主要收入的劳动力。主要是指生产经营大户,比如种养殖、农机、加工等专业大户、家庭农场主、农民合作社带头人等。

2. 专业技能型职业农民

专业技能型职业农民掌握着独到的生产技术,以家庭农场、专业大户、农民合作社、农业企业等形式从事农业劳动作业,并将此作为主要收入来源的农业雇员和农民工人。

3. 社会服务型职业农民

社会服务型职业农民指有效地服务于农业产前、产中和产后，并以此作为主要收入来源的农民，主要以农村信息员、农村经纪人、农机服务人员、统防统治植保员、村级动物防疫员为主。

4. 管理型职业农民

管理型职业农民掌握农业生产所需的资金、技术和劳动力，在农业生产与管理方面具有丰富的经验，甚至对农村产业发展和农业生产效率起着决定性作用。

三、回乡创业者

近年来，农民返乡创业者逐渐增多，他们既有在外闯荡的经验，又熟悉自己的家乡，为农村发展、农民致富带来了新机遇。

韩某是一名"85后"大学生创业者。大学毕业后，韩某返回家乡，与哥哥一起种植灵芝。

从对灵芝种植的一无所知到注册公司、建立专业种植基地，韩某花了两年的时间。经过努力，他们采用国内首创的灵芝嫁接技术，培育出的灵芝形神兼备，千姿百态，年产值达到了200万元。自己富裕的同时，他们还吸纳了100多名村民就业增收。

乡村从来不缺少资源，缺少的是开发资源的人。应鼓励和支持有文化、有见识、有闯劲、懂市场、肯实干的人才回乡创业，比如大学毕业生、外出务工返乡青年、退役军人等，将乡村独有的美景、特产、美食、乡土文化等资源开发出来，推销出去，为乡村的振兴贡献力量。

四、企业投资者

农业转型发展、农民持续增收有多种发展模式,其中引进龙头企业、订单收购农产品、整合流转零散土地是非常重要的模式之一。传统粗放的家庭种养殖模式很难让农民实现增收,积极引进龙头企业为提供规模化专业化发展提供了保障。

值得注意的是,一定要严防不良企业,比如,套项取目补助,炒作推销种苗,坑害农民利益,当地政府应为有诚意的企业投资者保驾护航,营造良好的投资环境。

五、肯奉献、有头脑的村干部

村干部是农村发展与乡村治理的关键人物,在选举时,一定要慎重,选出德才兼备的好干部,才能带领好村民,发展好农村经济。当然,这需要赋予村干部一定的权力,比如,赋予村干部更多创业的政策许可,只有村干部敢放手干,村民才敢追随。

由于新形势下农村工作量较大,村干部要实行"坐职坐班",但待遇又不高,使一些人宁可出去打工,也不愿意在基层工作。针对这一情况,需要适当提高村干部的待遇,并强化培养村干部的奉献精神,让村干部踏踏实实为老百姓服务。

六、懂政策的驻村工作队

驻村工作队在脱贫攻坚和乡村振兴方面起着积极的作用。在驻村工作队人员的选拔上,一定要选择"三农"工作的内行人,不能让连大葱和韭菜都分不清的外行人混进队伍中,以驻村的名义下基层"镀金",一定要派出精兵强将,实实在在地帮助到老百姓。

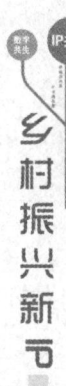

七、新乡贤

新乡贤指在当代乡村，一些曾为官在外而"告老还乡"，或在外为教而返归乡里，或长期扎根乡间而以自己的知识才能服务乡间的有爱乡情怀的人。

新乡贤不仅具有乡土情怀和高尚的道德品行，还具有现代知识、技能以及广阔的视野，他们的作用主要表现在三个方面：一是起到道德指引，以及新文化、新思想、新观念、新技能传播者的作用；二是协调、化解乡村邻里之间的矛盾；三是引导舆论、凝聚人心、端正风气。

在引进新乡贤时，要以本土外出人员为主，因为此类人对本地的情感更为浓烈。由于新乡贤的作用不同，因此要将他们分门别类，发挥他们的长处，不能笼统为之。总之，肯为村里做事的新乡贤，都应该受到村委和村民的尊重、礼遇。

"发展是第一要务，人才是第一资源"，乡村振兴的出发点和落脚点都集中在"人"这一主体上，只有充分发挥人才的作用，才能打造出实力强劲的乡村振兴工作队伍。

加快人才培养，助力新农村建设

2021年2月，中共中央办公厅、国务院办公厅印发了《关于加快推进乡村人才振兴的意见》，明确规定到2025年，乡村人才振兴制度框架和政策体系基本形成，乡村振兴各领域人才规模不断壮大、素质稳步提升、结构持续优化，各类人才支持服务乡村格局基本形成，乡村人才初步满足实施乡村振兴战略基本需要。[①]

实施乡村振兴的关键在于人才，那么，该如何加快人才培养，助力新农村建设呢？

一、加快乡村人才信息平台建设

乡村振兴需要各类专业人才，但因信息传递不畅、供需双方信息不对称等因素，地方政府很难准确掌握当地人才的数量和质量，乡村人才资源配置效率较低，人才供需双方矛盾非常突出，乡村人才的作用无法得到充分发挥。

---

① 参见《中共中央办公厅 国务院办公厅关于加快推进乡村人才振兴的意见》，流通发展司，2021年2月24日。

借助信息技术，利用大数据资源，加快乡村人才信息平台建设，不仅有利于准确掌握当地人才的现状，还能对乡村人才进行科学管理，提高人才资源的配置效率，使每一位乡村人才都能在擅长的领域施展拳脚，有所作为。

二、完善人才培养机制

完善人才培养机制，才能使引入的人才更好地发挥作用，成为乡村振兴的强大动力。完善人才培养机制，包括三方面内容：

一是建立与完善乡村人才引进和管理制度，引导人才向乡村集聚，为乡村振兴提供智力支持。

二是实施优秀进城务工人员回引培养工程，鼓励新型职业农民、新乡贤、乡村基层干部等优秀人才参加技能培训，打造适合乡村振兴发展的能人。

三是发挥党员干部的榜样作用，鼓励党员回乡创业，从而带动更多的专业人才回到农村，建设农村，为农村的发展贡献力量。

三、加强农村实用人才的培养

乡村实用人才是乡村实用技术的示范者、实践者和推动者，他们在促进农村经济发展和调整农业产业结构方面发挥着积极作用。当前，农村实用人才培养还存在诸多问题，比如整体素质偏低，特别是地处偏远的山区，农村实用人才更加匮乏，高学历、高职称的人才更是凤毛麟角；地域分布不均，种养殖多集中在交通便利、经济较发达的乡镇，偏远地区的实用人才较少；农村实用型人才分布面广，给人才管理带来了诸多不便。

针对这一现状，当地政府应制定优惠政策，加强对农村实用人才的培养，对于取得突出成绩的人员进行表彰奖励，增强乡村实用人才的荣誉感和使命感。还可以鼓励农村实用人才以资金入股、技术参股的方式，与专业协会、专业大户、龙头企业等经济组织结成利益共同体，让他们首先富裕起来，然后帮助农村发展，带动农民增收致富。

四、整合教育资源，健全培训体系

当地政府可以定期组织具有一定学习能力的农民集中培训，对他们进行科技知识的辅导，帮助他们了解相关政策，提高素养。还可以开展送科技下乡活动，组织各类专家上门辅导，传播新技术和新知识，培养一批懂技术、有文化、会经营的乡村工匠、新型职业农民、文化人才和"非遗"传承人等。

除此之外，还应加强乡村干部的培训，通过外出培训、跟班学习、上挂锻炼等方式，尽可能多地为乡村干部提供培训锻炼的机会，提高农村干部的工作水平和解决问题的能力，打造一支群众信任、作风过硬、公正廉洁的乡村干部队伍。

五、建立健全留住人才的相关机制

人力培养是个系统工程，培训只是其中的一环，我们还要想办法留住人才，让他们愿意扎根乡村，持久地为乡村振兴发光发热。很多人才来到农村一段时间后就离开了，不仅仅是因为乡村的条件差，最重要的是没有留住人才的相关机制。

比如，出台人才住房、政务服务、医疗等配套服务政策，让人才在乡村也能享受到和城里人一样的待遇；完善农村基础设施建设，如通过加强城乡医院对口帮扶、建立远程医疗等，提高乡村医疗服务水平；提高人才的各项待遇标准，引导符合条件的人才参加城镇职工基本养老保险、职工基本医疗保险等社会保障制度；落实乡村教师享受乡镇工作补贴、乡村特困教师资助等政策；营造尊重知识、尊重人才的文化氛围。

大力发展农村职业教育

乡村振兴离不开各类人才的支持，必须大力发展农村职业教育。因为技能断裂、就业难是导致乡村个体贫困的重要原因之一，而职业教育的侧重点就是实践技能的培养，所以，职业教育在脱贫攻坚和乡村振兴中发挥着至关重要的作用。

一、大力发展农村职业教育的意义

大力发展农村职业教育，是推动乡村振兴战略的重要保障，主要表现在以下三个方面：

1. 农村职业教育承担着人才培养的重任

实施乡村振兴战略，一方面需要培养有文化、会经营、懂技术、善管理的新型职业农民，另一方面需要打造一支爱农村、爱农民、懂农业的工作队伍，而这都需要农村职业教育发挥作用，承担起培养这两方面人才的重任。

2. 农村职业教育有助于农民增收致富

要使农民增收致富，首先要提高农民的科学文化素质。农民知识水平、技术水平和科技素质较低的现状，不仅影响了乡村振兴战略的实施，也给农民持续增收造成了一定的困难。大力发展农村职业教育，有助于提高农民生产技能和科学文化素质。农民作为乡村振兴的实施主体，若他们的素养得到了提高，乡村振兴的实施就会更加顺畅。

3. 农村职业教育是发展现代农业的基础

由传统的资源型农业向现代高科技知识型农业转变，这是我国农业发展的必经过程。在这个过程中，对农民提出了更高的要求，要求农民具有一定的文化基础知识和更多的农业生产技能，因此必须抓好农村职业教育，提高农民的综合素质和生产能力，这也是建设现代化农业的客观要求。

二、大力发展农村职业教育的措施

大力发展农村职业教育，能够为农业农村的发展提供强大的人才储备支撑，那么，该如何发展农村职业教育呢？

1. 加大对职业教育的宣传力度

关于职业教育，很多人还存在着错误的认识。提到职业教育，很多人会想到的是中职、高职毕业后，成为技术工人，做一个"蓝领"，而不是"白领""金领"，也不是本科学历，总感觉不如读过大学本科的人。

因此，要发展职业教育，必须先更新观念，这就要求加大对职业教育的宣传力度，从教育主管部门做起，把职业教育重视起来，改变"轻技术、轻职教，重普教、重书本"的传统思想，特别要认识到职业教育在农村经济发展中的重要作用。

另外，相关部门应加强对学生和学生家长进行职业教育的宣传，特别是对职业教育的就业前景进行详细地介绍，使学生和学生家长能够改变观念，

从内心真正认识到职业教育的重要性从而接受职业教育，重视职业教育。

2. 加大对农村职业教育的经费投入

无论是发展农村经济，还是提高农民生活质量，都与农村职业教育息息相关，因为只有农民的综合素质提高了，才能实现持续增收致富，促进农村经济的发展。

因此，各地各级政府必须认识到，只有培养农业农村人才，"三农"的发展才能有一个光明的未来，应加大对农村职业教育经费的投入，调动社会和民间力量参与到农村职业教育中来，形成以政府投资为主体、社会投入为补充的多元化投入格局，积极促进农村职业教育的发展。

另外，政府还应该建立职业教育的"倾斜招生"的制度体系，保障贫困地区的学生能够更大限度地提升受教育的水平，这有利于确保脱贫人口不返贫，促进乡村振兴事业的发展。

3. 加强农村职教师资队伍的建设和培养

大力发展乡村职业教育，必须首先打造一支强大的农村职教师资队伍，才能培养出优秀的学生，让他们成为农村经济建设的主力军。

这需要政府从资金和政策上稳定师资队伍，在留住现有师资的基础上，吸引新的优秀教师加入。聘请有专业技能、技术的乡村能人和种植大户等作为兼职教师，不仅能够扩大师资队伍，还有利于优化师资结构。还应广泛开展以骨干教师为核心的教师全员培训体系，这将有利于提高师资素质水平，加强教学交流，提高教学水平，为乡村发展培养急需的人才。

除了以上三点外，还应按照服务"三农"的要求进行教学改革，重点抓好农业科技人才和农村实用人才的队伍建设，满足实施乡村振兴战略的人才需要。

引凤归巢，助力游子回乡

人才是推动社会发展的动力，缺乏人才将阻碍乡村振兴，如何解决乡村振兴所需要的人才问题呢？除了从城市引进人才外，还应想办法发挥家乡人才的作用，引凤归巢，让游子愿意回乡参与建设。

一、月是故乡明，打好乡情牌，把人才引进来

农村是劳务输出的主要地方。因农村经济发展不如城市，很多青壮年不得不远离家乡，去异地谋生。在外面，他们不仅开阔了视野，丰富了阅历，而且还掌握了一些技能，如驾驶技能、运营管理技能等，成了一些领域的专家、能人，还有一些人通过创业走上了富裕之路。

有些地方只想着从城市引入成熟拔尖的人才，却忽视了在异地谋生的游子。这些人有一定的能力，并且对家乡有着深深的眷恋，若能打好乡情牌，将有利于游子回乡。衣锦还乡、落叶归根是漂泊在外的人的共同心愿，我们要利用好这根情感纽带，点燃他们建设美好家园的热情。

现在一些在外谋生的人不愿意回乡创业，除了家乡产业基础薄弱，发展

潜力不足,就业岗位少,收入不高等具体因素外,还与当地政府对在外谋生的游子的价值认识不够深刻,对他们不够重视有一定的关系,因此一定要改变认知,重视这类人才,积极为这类人才的回归创造条件。

山东泰安岱岳区道朗镇立足生态资源优势,积极推进魅力乡村建设,布局乡村旅游,打造了八楼氧心谷民宿群、"鲁商朴宿·故乡的云"等乡村旅游景点。乡景乡愁吸引了在外打拼的游子返回家乡定居,他们开起了民宿,做起了小老板,在提高自己收入的同时,也让家乡变得越来越美。日益优美的环境,越来越多的工作机会,浓厚的乡情亲情,让更多在大城市打拼的人选择回家乡发展。①

二、留住返乡人才,必须提高待遇

青壮年之所以选择远离故土,在人生地不熟的地方打拼,是因为有较好的待遇,能拥有高质量的生活。所以,要想把人才留下来,不能抛开物质基础空谈理想,谁都不愿意饿着肚子在家乡工作和生活。

因此,必须在提高待遇方面下功夫,才能留住返乡人才。除了落实好国家的政策规定外,还应该在政策允许的范围内,为返乡人才提供更好的薪酬待遇保障,包括工资、绩效、医疗、保险、养老等保障,为他们解决后顾之忧,让他们将全部精力集中在工作上,为建设家乡不遗余力。除此之外,还应该在工作和生活中多关心返乡人才,从身体健康到家庭幸福,让他们感受到组织的温暖;并尊重他们的人格尊严,让他们感受到工作的舒心与快乐。

三、人尽其才,有所作为

成就一番事业,是每个人的梦想,能够让人获得成就感。因此,当地政

---

① 参见《泰安市岱岳区道朗镇:乡村旅游推动乡村全面振兴》,齐鲁晚报网,2021年9月20日。

府要制定一套有效的激励机制，这既能激发返乡人才干事业的积极性和热情，也能使他们大展身手，发挥出更大的潜能。

以村干部为例，近年来有很多有文化、有技能的大学生村官，他们对建设家乡充满热情。对于这类返乡人才，一定要给予充分的自由，让他们能够发挥自身的才能，有更大的作为，创造更大的价值，切不可用条条框框约束他们，让他们无计可施。

对于那些对村集体有突出贡献的村干部，要给予一定的物质奖励。除此之外，也不能忽视精神奖励。对于业务素质精良、政治素质过硬、工作能力突出的优秀村干部，可优先推选为"两代表一委员"，给予他们一定的政治待遇。还可以将优秀村干部的先进事迹写成材料，进行宣传，打造模范典型，让他们产生更大的影响力，并为他们提供晋升的通道。如此一来，村干部会觉得工作有前途，未来有期盼，更愿意努力工作。

南朝梁郭祖深《舆榇诣阙上封事》中有这样一句话："谋臣良将，何代无之？贵在见知，要在见用耳。"这句话的意思是说，任何时代都不缺有文韬的谋臣和有武略的良将，关键是他们是否被发现，是否被任用。

乡村引进人才亦如此。只要有识别人才的慧眼，有爱才惜才的诚意，有用才的胆识，有吸引人才的良方，就一定能够把人才引进来，留下来，用起来。特别是对于返乡的人才，更要格外重视，因为他们本身就对家乡有着深厚的情感，更愿意为家乡效力。

第六章

文化振兴：乡村振兴之魂

文化振兴是乡村振兴的灵魂

文化振兴是乡村振兴的重要内容。乡村振兴的关键是激发农民的信心，只有乡村文化振兴了，才能让农民有信心，能够振奋精神，为乡村振兴注入活力和激情。

一、为什么说文化振兴是乡村振兴的灵魂

为什么说文化振兴是乡村振兴的灵魂，也是推进乡村振兴的内生动力呢？关于这个问题，我们可以从以下三个方面来理解：

1.文化振兴有利于提高人们的精神追求

2021年，我国如期打赢了脱贫攻坚战，消除了绝对贫困，此时"三农"工作的重心已经从脱贫攻坚进入了全面乡村振兴阶段。与此同时，人们的思想要有所提升，不能只满足吃饱穿暖的低层次要求，还要有一定的精神追求，这是文化振兴要完成的艰巨任务。

在农民追求精神文化的过程中，文化娱乐是一项必不可少的内容。这不仅需要我们挖掘本土的文化，还需要丰富本土文化，用文化娱乐群众，引导、教育群众，让他们感受到精神的愉悦。

2. 文化振兴有助于提高人们的凝聚力

党的领导是文化振兴的指挥棒，在乡村振兴过程中，要充分发挥党组织和党员的作用，用文化引领人、激励人、鼓舞人，使大家团结一致，一起努力，克服乡村振兴中遇到的困难。

3. 文化振兴，民族才能强大

文化兴，则国运兴；文化强，则民族强。没有高度的文化自信，就没有文化的繁荣兴盛，也不会有中华民族的伟大复兴。

当前中国正在大气磅礴地走向世界，在世界舞台上发挥着越来越重要的作用，中华民族的伟大复兴正在进行，而中华民族的伟大复兴必然伴随着中华文化的繁荣兴盛。

文化振兴作为乡村振兴的源头活水，是我国社会文化体系的重要组成部分，若没有乡村文化的传承，乡村振兴就失去了灵魂，民族强大、中华民族的复兴就失去了精神支柱。

二、文化振兴与乡村振兴的关系

文化振兴和乡村振兴是相互依存的关系，乡村振兴不能一味追求市场化、城市化，而是应该从文化这一内在动力入手，促进乡村振兴全面发展。

1. 用文化为乡村振兴铸魂

推进乡村振兴战略，需要发挥文化坚定信心、凝聚人心、引领村民的积极作用，激发广大农民参与乡村振兴的积极性，充分发掘乡村传统文化的精神和价值，并赋予传统文化新的时代内涵，让文化成为乡村振兴强大的支撑。

要构建以社会主义先进文化为主体的乡村文化体系，挖掘乡村本土的传统文化资源和红色资源，以百姓喜闻乐见的方式对百姓进行宣传教育，从而更好地弘扬优秀传统文化，发扬革命文化，提高乡村文化的软实力。

2. 用文化教育人，让文明蔚然成风

培育文明乡风、优秀家风、淳朴民风，需要加强文艺创作的力度，培养乡土文化人才，结合本土文化的精髓和特色，创造出更多有利于带动农民思想观念转变、激励农民积极向上的优秀文艺作品，寓教于乐，让农民在享受文艺作品带来的快乐的同时，使优秀的文化深入民心，达到教育的目的。

要加强农村法制宣传教育，通过新乡贤的道德示范、榜样作用，促进法治、德治、自治更好地融合，完善乡村治理格局。此外，要在乡村深入开展精神文明建设活动，开展围绕重信守诺、遵纪守法、勤劳致富等各类评选活动，让文明在乡村蔚然成风。

3. 用文化促进产业兴盛

实施乡村振兴，发展乡村旅游业，需要挖掘和提炼当地的乡土文化，用独特的乡土文化吸引人，在发展乡村旅游业时，要有能够体现乡土文化的建筑、风土、人情、饮食等。

文化可以促进产业的兴盛，用文化振兴赋能乡村振兴，可重塑现代乡村文化空间，依托乡村文化禀赋，整合文化资源，打造乡村特色文化产业。

以北京市门头沟区爨底下村为例，该村不仅自然景观得天独厚，建筑景观特色突出，而且还有明朝的古道，清朝的伏魔龙神圣庙，以及五道庙、娘娘庙、山神庙、魁星庙、仙人堂、龙王庙等众多文物古迹。该村依托传统村落的古建筑群资源和丰富的民俗文化，发展乡村旅游事业，并且正在为争创国家4A级旅游景区、国际民俗村而努力奋斗。[①]

[①] 参见《大力发展乡村旅游 促进古村长效发展——北京市门头沟区爨底下村》，国家发展和改革委员会社司司，2020年8月26日。

教育：为乡村振兴培养未来力量

乡村振兴依靠人才，而人才的培养依靠教育，乡村教育事业的发展是乡村振兴战略的支点，因此，要实现乡村振兴，振兴教育是首要。因为教育不仅承载着传播知识、塑造文明乡风的重任，还能够为乡村建设提供人才的支撑。

一、办好乡村各级各类教育

按照党的十九大报告的部署，要积极推动城乡义务教育一体化发展，高度重视农村义务教育，办好学前教育、网络教育、特殊教育，并普及高中阶段的教育，让孩子们享受到公平的教育。

此外，各地政府要立足乡村振兴的需要，结合当地的实际情况，大力发展农村职业教育，调整职业院校布局结构，加强县级职业教育的建设，在课程和专业的设置上要有针对性，以适应乡村振兴发展的需要。

由于乡村振兴战略的目标是实现农业农村的现代化，因此，教育应加强对新职业农民的培养，让一些有学习能力的农民参加中高等农业职业教育。

除了办好公办学校外，还要吸引符合条件、热爱乡村教育事业的社会人士参与到乡村教育事业的建设中来，满足学生和家长对多样化、高质量、个性化教育的需求。

值得一提的是，各级政府一定要合理布局乡村学校，保留必要的乡村小学和教学点，切不可盲目撤并乡村学校，避免对乡村孩子的求学造成困难。

二、做好乡村教师队伍建设

发展好乡村教育的关键在教师，因此，应把乡村教师队伍建设放在优先发展的首位。只有不断提升教师的素质，振兴乡村教育的目标才能实现。

当前振兴乡村教育的重中之重在于建设素质过硬的乡村教育队伍，增强对乡村教师队伍建设的支持力度，改善乡村教师的教学条件，提高乡村教师的待遇，建立差别化乡村教师支持政策。

改进农村教师培训机制，教师"国培计划"要重点支持农村教师，积极推行乡村学校卓越校长培养计划，培养一批具有"深厚的文化涵养，精深的学科底蕴，卓越的教育素养，开阔的国际视野"的"专家型的卓越教师"和"教育家型的卓越校长"。

此外，还应为乡村教师的工作和生活创造更好的环境，让他们获得成就感和归属感，愿意扎根农村，为乡村的教育事业发光发热，贡献力量。

三、提高乡村教育质量

提高乡村教育质量，让孩子们在家门口就能接受到高质量的教育，这样有利于培养、留住服务乡村产业发展的人才，也有助于巩固脱贫攻坚成果。提高乡村教育质量除了加强乡村教师队伍建设外，还应加强乡村学校教育信息化建设，推进"互联网+"师范院校支教，让乡村的孩子借助互联网共享城市优质的教育资源，缩小城乡教育的差距；深化乡村学校课程教学改革，通过城乡结对帮扶，将城市的优质教育资源向乡村延伸，提高乡村教育质量。

四、提升教育服务乡村振兴的能力

各级各地政府应将教育融入到县域经济高质量发展的全局中来，发挥教育服务乡村振兴的支撑功能，围绕乡村振兴的任务，在人才支撑、教育布局、对口帮扶等领域精准发力。在人才支撑方面，应加大涉农高校、涉农专业的建设，支持高校建设"乡村振兴学院"；在教育布局方面，应积极推进城乡义务教育一体化发展，逐渐消除城乡教育的差距；在对口帮扶方面，应认真实施高校招收农村和脱贫地区学生专项计划，让农村学生享受到优质高等教育。

五、乡村教育应承担起乡村文化振兴的使命

乡村学校应响应乡村振兴的战略部署，承担起相应的社会责任和文化使命。首先要将乡村文化精神渗透到办学理念中去，将乡村特色文化与小学教育有机融合，培养学生热爱家乡的情怀。

其次，在教学内容上要融入乡村文化要素。乡村文化是中华文化的根基，融入乡村文化要素的教学内容，可以让孩子们感觉到所学内容贴近生活实际，拉近乡村教育与乡村社会的距离，培养孩子的乡土文化情感，这不仅丰富了教学内容，也展现出了乡村教育的与众不同之处。

乡村教育是我国教育的重要阵地，城镇化发展得越快，乡村教育工作越要加强。只有办好乡村教育，使人才辈出，才能早日实现乡村振兴。

加强乡风文明建设

乡村振兴的总要求是实现产业兴旺、生活富裕、生态宜居、治理有效、乡风文明。其中，乡风文明是实施乡村振兴战略的核心内容。

一、加强乡风文明建设的意义

在实施乡村振兴战略过程中，有一些地方存在重经济发展轻文化建设的倾向，没有对乡风文明建设给予足够的重视，虽然经济得到了发展，道德却出现滑坡现象，诚信文化和德孝文化削弱，邻里矛盾突出，干群关系不和谐，各种矛盾的积累导致了社会的不稳定。

由此可见，乡风文明是乡村振兴的重要保障，它可以渗透到乡村建设的方方面面。比如，乡风文明和乡村产业是相互促进的关系，产业兴旺为乡风文明提供了物质基础，乡风文明赋予农产品乡村文化的内涵，有利于提高农产品的文化品牌，促进农业与文旅的有机融合，有助于农民走上富裕的道路。

再比如，乡风文明与乡村治理也存在着密切关系，有效的乡村治理其实就是建设文明乡风的过程。利用文明乡风的优秀传统文化，有助于构建法治、德治、自治的治理体系，使乡村治理更加高效。

二、新时代乡风文明的内涵

乡风文明不是一成不变的，新时代赋予了乡风文明新的内涵。

首先，新时代的乡风文明是传统与现代的有机融合。中国特色社会主义文化来源于中华优秀传统文化，并熔铸于革命文化和社会主义先进社会，根植于中国特色社会主义的伟大实践。因此，我国乡风文明既要传承优秀的家风、村风，继承优秀传统文化，又要落实"五位一体"和"五大发展理念"等内容。

其次，新时代的乡风文明要实现城市文化与乡村文化的有机融合。一方面要体现乡村传统的风俗、民俗等乡村文化，另一方面要让村民享受到城市文明。

最后，新时代的乡风文明建设要体现我国文化与世界文化的融合。乡村是文化的宝库，很多生态文明理念就诞生于农村，我国的乡风文明建设在吸收世界文明成果的同时，也为世界文明作出了伟大的贡献。

三、如何进行乡风文明建设

该如何进行乡风文明建设呢？

1.发挥党的农村基层组织的领导作用

首先，党的基层组织要组织群众学习新时代中国特色社会主义思想，践行社会主义核心价值观，开展社会主义、爱国主义和集体主义教育，引导农民正确处理国家、集体、个人三者的利益关系，培养新型农民。

其次，党的基层组织要加强农村思想政治工作。优秀党员、老干部要起到模范带头作用，宣传党组织和党员的先进事迹，宣传好人好事，传播社会的正能量。通过乡村主题党日、党员议事会、农村党员读书会等方式，了解

群众的思想状况，帮助群众解决困难。

最后，党员干部作为乡风文明建设的重要参与者，要引导群众自觉抵制腐朽落后的文化，弘扬时代新风，并调动村民积极参与到乡风文明建设中来。

2.加强乡村公共文化建设

加强乡村公共文化建设是培养良好乡风的重要抓手。

首先要加大农村公共文化的建设力度，在为乡村提供更多的公共文化产品与服务的同时，要多多支持"三农"题材的文艺作品的创作，鼓励文艺工作者多推出反映乡村振兴的文艺作品，展现新时代农民的精神面貌。

其次，要充分发挥县级公共文化机构的辐射作用，积极推进基层综合性文化服务中心的建设，使服务效能得到大幅度提升。

最后，重视信息技术在改善乡村公共文化服务中的积极作用，用云计算、大数据、人工智能等现代信息技术畅通城乡共同文化输送的通道，运用新媒体来激活村史馆、文化书屋、乡村记忆馆等资源，使农民真正享受到接地气、个性化的文化服务。

传承乡村优秀传统文化，一方面要挖掘和整合乡村文化资源，比如通过传承手工艺文化、节日文化、民俗文化等方式增强文化认同感，使村民之间的情感更浓；另一方面要吸取城市文化的优秀成果，赋予乡村文化新的时代内涵，助力提升乡村文化的发展。

加强农村思想道德建设

农村思想道德建设是指在农村思想领域进行观念更新，消除小农思想、封建残余和旧风陋习，使农民理解、掌握党的方针、政策，团结奋斗，充分发挥生产和建设的积极性，为农村物质文明和精神文明的发展提供动力的道德建设。

一、加强农村思想道德建设的原因

几千年来，我国农村长期处于自然经济状态，农民思想道德水平不高，农村依然存在一些封建的、落后的思想，主要表现在三个方面：

一是重农抑商、不思进取、小富即安等陈旧思想与观念，成为影响乡村振兴的阻碍；二是农村社会还存在一些封建迷信、挥霍浪费、重男轻女等社会习俗；三是部分地区仍然存在赌博、偷窃、买卖妇女儿童等违法行为。

另外，有些农民不能正确处理国家、集体、个人三者的利益关系，不能很好地处理与他人、道德、金钱的关系，存在损人利己、金钱至

上的思想。

综合以上原因,加之农民在乡村振兴中的主力军地位,要实现乡村振兴,就必须加强思想道德建设,消除封建残余、小农思想、旧社会陋习。

二、加强农村思想道德建设的措施

农村思想道德建设是乡村振兴过程中必不可少的环节,加强农村思想道德建设应从以下方面入手:

1. 加强思想政治教育

要在农村生产生活中融入社会主义核心价值观,利用群众喜闻乐见的方式开展新时代中国特色社会主义思想教育,弘扬民族精神与时代精神,将其内化成农民的精神追求,外化为农民的自觉行动。

2. 建立健全农村信用体系

各地各级政府应扎实推进诚信建设,弘扬诚信文化,借助全县信用信息平台,完善守信激励和失信惩戒措施;开展诚信企业、诚信村镇、诚信市场的创建活动,开展诚信道德模范的评选活动,树立诚信典型,通过活动达到引导教育广大农民群众的目的,营造重信守诺的良好社会氛围。

3. 发挥新乡贤在乡村思想道德建设中的积极作用

要充分发挥新乡贤在思想道德建设中的积极作用,支持村民理事会开展家风家训建设、传统文化教育等活动,把移风易俗纳入村规民约;农村党员干部要提高党员意识、标杆意识,严格要求自己,给广大群众带好头树好榜样,引导和教育人民群众,提高人民群众的思想道德水平。

4. 树立农村道德模范

各村镇要开展精神文明系列创建活动,比如,在各村各镇评选"好邻居""好媳妇""好家庭"等道德模范，宣传他们的先进事迹，让他们成为人们学习的榜样和新时代农民典型模仿人物，传播社会正能量。

5. 丰富人民群众的文化生活

乡村要加强公共文化基础设施建设，尽可能多地创造出反映农村生活风貌和新型农民精神面貌的文艺作品，组织开展高水平的文化下乡活动，以喜闻乐见的活动来实现对广大人民群众的思想教育，丰富广大农民的文化生活。

6. 积极推进移风易俗

要加强思想道德建设，必须改变传统陋习，弘扬文明新风，让广大农民建立科学、文明、健康的生活方式。通过村规民约、红白理事会、道德评议等做法，教育农民反对封建迷信活动、大操大办婚丧酒席等陋习，树立勤俭节约的文明新风。

比如，四川省彭州市桂花镇金城社区针对婚丧嫁娶铺张浪费的陋习，开展婚事新办、喜事俭办、丧事简办的活动，将"喜事新办、厚养薄葬、丧事从简"的这一规定写入村规民约，并通过红白理事会招募德高望重、富有爱心的村民作为志愿者，在人民群众中大力宣传移风易俗，制定酒席标准，杜绝铺张浪费。①

近年来，"高额彩礼""天价彩礼"问题日趋严重，这不仅增加了群众负担，也带坏了社会风气。四川邛崃市酒源社区针对这一问题，通过"一约四会"进行移风易俗活动。

---

① 参见《彭州市桂花镇金城社区：以社会主义核心价值观为引领 推进社区建设治理》，彭州市人民政府门户网站，2020年10月12日。

一是推行居民公约，约束居民的行为；二是红白理事会通过标准化运作和专业把关，让红白事既有仪式感，又避免铺张浪费；三是禁赌禁毒会通过调动群众力量来营造良好的社会环境，减少犯罪的发生；四是通过道德评议会扬善惩恶，调节人民群众的关系；五是居民议事会通过搭建参政议政平台来保障群众权益。

弘扬中华优秀传统文化

弘扬中华优秀传统文化，就是将中华优秀传统文化运用于中国革命建设改革之中。习近平总书记在党的十九大报告中指出，要"深入挖掘中华优秀传统文化蕴含的思想观念、人文精神、道德规范，结合时代要求继承创新，让中华文化展现出永久魅力和时代风采"①。

一、弘扬中华优秀传统文化，助力乡村振兴

深厚的优秀传统文化是广大中国人民经过数千年积累起来的智慧，是中国人民独有的精神标识。文化的作用主要表现在两个方面：一是为经济社会建设提供智力支持和精神动力，二是体现社会进步的指标。当今世界，各大国在经济方面的较量正在如火如荼地进行，与此同时，文化竞争也异常激烈。

中华传统文化是乡村文化振兴的重要内容，我们要实现乡村振兴，就必须弘扬中华优秀传统文化，因为中华优秀传统文化既是乡村文化振兴的文化

---

① 习近平：《决胜全面建成小康社会 夺取新时代中国特色社会主义伟大胜利——在中国共产党第十九次全国代表大会上的报告》（2017年10月18日），人民网，2017年10月28日。

根基,又是打造崇德向善乡风的源头。

二、弘扬中华优秀传统文化的措施

弘扬中华优秀传统文化与我国社会主义现代化建设紧密相连,须知任何国家的现代化皆是以不同的文化道德传统和价值观念作为指导的。那么,我们该如何弘扬中华优秀传统文化呢?

1. 挖掘传统村落的文化价值

为了推动乡村文明建设,要加强对传统村落文化的研究,挖掘乡村优秀的传统文化,一方面有利于通过乡村优秀的传统文化引导和教育群众,提高广大人民群众的道德素养;另一方面可以通过扶持具有地域、历史、独具民族特点的景观旅游村镇,打造乡村旅游休闲产品,助力乡村振兴。

2. 乡村治理赋予新内涵

乡村治理是国家治理体系的重要组成部分,也是国家治理的基础,乡村有效治理是实现乡村振兴的重要内容之一。

乡规民约是由中国乡村群众集体制订,进行自我约束,自我管理,并自觉自愿履行的民间公约。乡规民约的内容包括贯彻国家政策法令、社会公德、生产生活关系等,其目的是加强团结,促进生产。

进入新时期,乡村治理要融入现代法治精神,吸收传统乡规民约中的精华,摒弃封建的、落后的、迂腐的糟粕,重构乡规民约在乡村治理中的价值,引导农民学法、守法,提高法制意识和道德水平。

乡村治理是国家治理的基石,必须要夯实乡村治理的根基,为乡村振兴提供保障。近年来,不少乡村在推广乡村治理过程中积累了丰富的经验。

比如,山东省平原县坚持以基层党建为引领,以农民群众为主体,以乡村振兴为目标，构建"党建+三治融合"的乡村善治新格局，并结合自身的实际情况，构建了"一星四化"乡村治理模式。

"一星四化"是指农村党支部和支部书记星级化管理、党支部带领创办土地股份合作社推进土地经营规模化、"三务三资"阳光报告会实现村民自治民主化、"五整治一规范"促进乡村治理法治化、健全村规民约引导村民社会主义核心价值观认同化。①

海南省琼海市采用"四级化事法"来进行乡村治理，即建立"户联系、组协调、村处理、云化解"党建引领乡村治理新机制，通过党员中心户、村党小组、村党支部、镇党委的逐级引领，带动群众参与到新乡贤德治、民主自治、乡村法治，实现"琐事不出户、小事不出组、难事不出村、大事不出镇"。②

3. 从传统家训家规中吸收优良家风

在中华传统文化中，家训家规往往是一个家庭甚至一个家族的行为规范和道德准则。家庭是传承中华优秀传统文化的最小单元，传统的家风、家规、家训中蕴含着优良的传统文化，传承中华民族传统文化就从传统的家风、家规、家训中开始，世代相传，对促进乡村文化振兴同样起着积极的作用。

4. 识别、防范传统文化中的"糟粕"

在传统文化中，既有精华，也有糟粕，我们在吸取精华的同时，也要防范糟粕给我们带来的消极影响。比如等级观念、"人治"思想、"官本位"思想、"人情消费"、"送礼文化"等，在一定程度上影响了农民的生活，阻碍了文明乡风建设。

对于这类糟粕，要积极想办法解决，引导和教育群众树立正确的思想道德观念，提倡勤俭节约，反对铺张浪费，让农耕文化、民俗文化、礼仪文化等优秀传统文化回归，并为乡村振兴带来生机与活力。

---

① 参见《山东平原："一星四化"构建乡村治理新模式》，新华社，2019年12月12日。
② 参见《乡村治理不透、不够？海南沙美村"四级化事法"来助攻》，中国长安网，2022年7月28日。

丰富乡村文化生活

推行乡村文化振兴,要大力发展乡村文化,主要包括弘扬文明乡风,改善乡村环境,树立乡村新风貌,以及丰富农民的乡村文化生活。

随着国家惠农政策的不断出台,农村的经济得到了长足的发展,农民的腰包越来越鼓,生活质量越来越好,水泥路修到了家门口,人们住进了宽敞明亮的新房,义务教育免除了学杂费,"新农合"解决了农民看病难的问题,现如今,农民的生活可谓日新月异。

但是富裕起来的农村,依然缺少公共文化娱乐设施和公共文化资源,农民参加文化娱乐活动的机会较少,看电视、玩游戏、聚众赌博等活动就成了多数农民休闲娱乐的选择,因此必须丰富乡村文化生活,让广大农民的精神生活水平得到提升。具体应该从以下四个方面着手:

一、充分认识到丰富农村文化生活的重要性

农村文化建设是对农民精神生活和追求的引导,随着乡村振兴战略的实施,乡村生活会在不久的将来发生翻天覆地的变化,如何让农民跟上城市的

发展步伐，不仅体现在经济收入上，也体现在精神文化上。

丰富农村文化生活的一个重要意义在于提升农民的文化素养，摒弃迷信、落后、愚昧的思想，促使农民用科学、健康的思想教育子女，也有利于消除农村的代际贫穷。

此外，各地政府要通过大力宣传，让农民认识到经济落后的一个重要原因是文化素质不高，要让他们充分认识到文化的力量，通过掌握知识去改变命运。

二、满足不同层次人群的文化需求

不同的年龄对文化的需求是不同的，在农村群体中亦是如此。比如农村的老龄人群和留守妇女，他们往往比较喜欢传统民俗文化活动，因此，要注重培育这些民俗文化，因势利导，使其向积极、健康、文明的方向发展，让老龄人群和留守妇女在民俗活动中潜移默化地受到教育。

青壮年分为两种，一种是留守在农村的青壮年，他们往往缺少技能，更喜欢农家实用科普这类活动，因此，政府要组织送文化、送科技、送法律、送卫生"四下乡"活动，满足这类人群的需求。

还有一种是返乡就业、创业的青壮年，他们一般具有一定的文化水平和技能，他们在城市生活的时间较长，生活方式与城里人没有太大区别。现在回归农村，他们不仅缺乏农业技能，在生活方式上也会感到不适应。针对这类群体，一是要加强职业技能培训，二是发挥乡村公共阅览室的文化阵地作用，丰富返乡进城务工人员的文化生活。

还有一类人群是中小学生，他们所在的学校往往会组织丰富多彩的校园文化，但在节假日期间，课外生活就比较单调，不像城里的孩子，可以去图书馆、博物馆等参观学习，因此，农村要开展各项民间活动，推出一些适合中小学的活动，引导中小学生的思想健康发展。

三、加大对农村文化的支持和投资力度

农村文化事业发展滞后与农村文化管理的不健全息息相关，各级党委、政府一定要把丰富农村文化生活提到日程上来，加大财政支出，以解决人们群众看书、看报、看戏难的问题。

政府还要鼓励、引导社会力量和民间资本对农村文化的投资和建设，比如兴办文化企业、组建民间剧团等，并加强对文化经费、文化设施的利用和管理，确保资金真正用在农村文化的发展上。

四、建立健全相关管理机制，促进农村文化大发展

发展乡村文化，一定要使广大人民群众的文化权益得到保障，各级党委、政府要全面分析研究农村文化生活中存在的问题，积极想办法，克服困难，解决问题。在此过程中各部门要相互配合，承担起各自的责任，共同做好乡村文化工作，丰富乡村文化生活。

只有各级领导在思想意识上重视农村文化工作，认识到丰富农村文化生活的意义，才能积极行动起来。为了督促各级领导积极开展农村文化工作，应建立健全农村文化工作目标考核制度，并将其列入年度村干部岗位责任制考核中。

"非遗"+乡村振兴，一举两得

"非遗"是指非物质文化遗产，它是指各族人民世代相传，并视其为文化遗产组成部分的各种传统文化表现形式，以及与传统文化表现形式相关的实物和场所。非物质文化遗产是优秀传统文化的重要组成部分，是国家和民族历史文化成就的标志。

在《乡村振兴战略规划（2018—2022年）》中，对于乡村传统文化的发展进行了分析，并针对非物质文化遗产的保护、传承、开发等进行了政策性指导。

2018年，《中国非物质文化遗产传承人群研修研习培训计划实施方案（2018—2020）》出台，其目的是推动中华优秀传统文化创造性转化、创新性发展，提升非物质文化遗产保护传承能力和水平。

2021年，文化和旅游部发布《"十四五"非物质文化遗产保护规划》。该规划特别指出，加大对脱贫地区的"非遗"保护支持力度，以"非遗"工坊建设为抓手，推动"非遗"助力乡村振兴工作，促进"非遗"保护传承在经济社会可持续发展中发挥更大作用。①

　　由此可见，我国非常重视非物质文化遗产的传承和保护。非物质文化遗产不仅是宝贵的精神财富，更是稀缺的文化资源，各地各政府应支持传统工艺的发展，依托各类"非遗"项目，创办具有特色的、示范带动作用显著的"非遗"工坊，帮助热爱"非遗"传统文化的人群学习传统技艺，既有利于"非遗"的保护，也有利于乡村振兴。

　　乡村要振兴，需要产业的支撑，以"非遗"工坊为代表的传统工艺，对乡村振兴起到了助推作用，我们可以引入"非遗工坊+旅游""非遗工坊+民宿"等运营思维，提升乡村发展的能力。

　　虽然"非遗"在乡村振兴中发挥着积极的作用，但一些地方因缺乏认知、经费投入不足、缺乏专业人才以及对传承人保护不到位等，并没有将"非遗"在乡村振兴中的价值发挥出来。因此，各地要加强政府的主导，科学规划，加大资金投入力度，加强对"非遗"价值的挖掘，重建区域文化的认同感，让"非遗"成为乡村文化发展中的一道亮丽风景线。

　　目前，全国有不少地方依托非物质文化遗产发展乡村旅游业，为乡村振兴提供了强大的支持，使广大农民的生活水平得到了提高，精神世界也更加丰富。

一、南京：秦淮灯会

　　秦淮灯会素有"天下第一灯会""秦淮灯彩甲天下"的美称。南京通过灯景融合、招商联动、科技支撑、文娱同步等措施，将"非遗"项目与旅游

---

① 参见《文化和旅游部关于印发〈"十四五"非物质文化遗产保护规划〉的通知》（文旅非遗发〔2021〕61号），文化和旅游部，2021年5月25日。

要素相结合,成为秦淮旅游的杰出代表作。

秦淮灯会践行了"宜融则融,能融尽融,以文促旅,以旅彰文"的文旅融合原则,坚持了系统性谋划、品牌化发展、体验式传承、全面性融合的发展思路,已成为我国规模最大的民俗灯会。

文旅融合是系统工程,因此,秦淮灯会不仅组建了传承和保护的领导小组、工作小组等组织机构,还出台了相关的制度、规划和办法,为"非遗"提供制度和组织保障;融合政府、企业、金融机构以及"非遗"传承人等力量,加大对"非遗"遗产和旅游的资金投入;通过灯会带动"非遗"挖掘,"非遗"挖掘又带动传承人保护,通过销售传承人制造的传承产品又带动了传承积极性,从而增加了风景区的吸引力。①

二、贵州榕江县:"非遗+产业"大放异彩

榕江有"风情浓郁、璞玉浑金、无迹不古、山水独秀"的美誉。该县认真贯彻"保护为主、抢救第一、合理利用、传承发展"的工作方针,大力挖掘"非遗",以此为依托盘活资源,发挥"非遗"在乡村振兴过程中的重要作用,扶持乡村扶贫特色"非遗"项目,既实现了对"非遗"的保护,也促进了乡村经济的发展。

比如倚山人手造生活工作室。"倚山人"是侗族服饰技艺传承人杨成兰在互联网注册的"非遗"文创产品销售平台,目前该工作室创新设计的手工布样有160多种,植染色系20余类,产品远销意大利、韩国等国家,带动200多名妇女就业,拓宽了农民的就业渠道。

榕江县以"培训一人、就业一人、脱贫一户,创业一人、带动一片、激励一方"

---

① 参见《这十个案例为何成为2019非遗与旅游融合优秀案例》,搜狐网,2019年6月11日。

为目标,通过"非遗+培训"模式,拓宽了农民的就业渠道,增加了农民的收入。该县通过传授纺纱织布(锦)、刺绣等课程,运用"理论+实操"的模式,提高了"非遗"手艺人对接市场的能力,让农民走上了致富道路。①

---

② 参见《让非遗为乡村振兴赋能——榕江县非物质文化遗产发展纪实》,澎湃新闻,2021年11月16日。

第七章

生态振兴：功在当代，利在千秋

生态宜居是乡村振兴的关键

2019年,中共中央办公厅、国务院办公厅印发了《关于加强和改进乡村治理的指导意见》,该意见指出,建设生态宜居美丽乡村是建设美丽中国的重要组成部分。[①] 党的十九大报告提出我国生态文明建设目标是从2020年到2035年,生态环境根本好转,美丽中国目标基本实现。报告明确要求加强农业面源污染防治,开展农村人居环境整治行动。

一、建设生态宜居乡村的意义

我国农村地域广阔,在农村生活着6亿多人,如果无法把农村的生态环境搞好,就谈不上建设美丽中国,因此,建设生态宜居乡村具有重要意义。

首先,建设生态宜居的乡村是为了满足人民日益增长的优美生态环境和优质生态产品的需要。当前我国社会的主要矛盾是人民日益增长的美好生活需要和不平衡不充分的发展之间的矛盾,为了顺应主要矛盾的变化,满足人民

---

① 参见《中共中央办公厅 国务院办公厅印发〈关于加强和改进乡村治理的指导意见〉》,新华社,2019年6月23日。

日益增长的美好生活的需要，就必须创造更多的物质财富和精神财富；要满足人民日益增长的优美生态环境的需要，就必须提供更多优质的生态产品。

乡村是生态涵养的主体区，农业是生态产品的主要供给者，生态是乡村发展的优势资源，农村的生态环境关系到菜篮子、米袋子、水缸子。推进生态宜居乡村建设，不仅能够满足人们对绿水青山的生态需要，还能够为生产优质农产品提供生态资源基础。

其次，建设生态宜居乡村有利于留住乡愁。生态宜居乡村是广大农民美好幸福生活的载体和精神家园，地域风情、乡土味道、田园风光等都是生活在此的人们的乡愁。只有留住乡愁，人们才愿意返乡建设家乡，为农村振兴贡献力量；只有农村尚在，家乡尚在，乡愁才能有所依托，我国延续数千年的中华文明才能继续发展。

二、建设生态宜居乡村的举措

2018年中央一号文件指出，乡村振兴，生态宜居是关键。[1] 生态宜居的要求是保护生态环境，坚持绿色导向和生态导向，坚持人与自然和谐共生；生态宜居的目标是为广大农民提供干净舒适的居住环境。

1. 加强对农村生态系统的修复和保护

过去，由于农村过度开发利用，粗放式的经济发展给农田耕地造成了极大的破坏，污染了河流湖泊，破坏了生态平衡，要建立生态宜居的乡村，就必须加强对农村生态系统的修复和保护。

首先，树立"保护生态环境就是保护生产力，改善生态环境就是发展生

---

[1] 参见《中共中央 国务院关于实施乡村振兴战略的意见》（2018年1月2日），新华社，2018年2月4日。

产力"的新理念,坚持尊重自然、顺应自然、保护优先和自然恢复为主的方针,严格落实生态环境保护制度,遏制生态环境的恶化。

其次,改革现有生态环境管理体制,建立生态保护制度体系,强化对生态系统的保护和管理,加强国家生态保护监管职能,建立统一的生态环境保护监管机制。

最后,为确保国家和区域生态安全,国家应明确"生态用地"类型,"生态用地"的面积应占到陆地国土总面积的55%以上,将具有重要的生态系统服务功能的区域划定为生态保护红线区,面积占到陆地国土总面积的35%以上,各级政府应将生态保护红线范围认真落实到土地利用规划上。

2. 加强对农村环境问题的综合治理

近年来,农村的白色垃圾逐渐增多,一些白色垃圾进入土壤,破坏了土壤的质量;随意排污,导致河流污染;滥用化肥农药,食品安全无法得到保障。

为此,2015年打响了农业面源污染治理攻坚战,农业农村部提出了"一控两减三基本"的目标任务,即到2020年实现农业用水总量控制,化肥、农药使用量减少,畜禽粪便、秸秆、地膜基本资源化利用。

2017年,又进一步聚焦了重点领域和关键环节,启动并实施了农业绿色发展五大行动,即果菜茶有机肥替代化肥、畜禽粪污资源化利用、东北地区秸秆处理、农膜回收和以长江为重点的水生生物保护行动。

总之,良好的生态环境是改善农民生活质量,提高农民生活水平,提升农民安全感和幸福感的重要基础。只有农村实现了生态宜居,才能更好地发展乡村产业,确保乡村振兴战略的顺利实施。

推进农业绿色发展

中共中央、国务院历来都非常重视农业绿色发展的问题。2017年出台了第一个关于农业绿色发展的文件《关于创新体制机制推进农业绿色发展的意见》，对推进农业绿色发展进行安排部署。① 推进农业绿色发展，是推进农业供给侧结构性改革的必然要求，也是加强资源保护和生态安全、走可持续发展道路的必然选择。

推进农业绿色发展是一个庞大又复杂的系统工程，涉及多个环节和多种要素，具体来说，应从以下方面入手：

一、加快转变农业生产方式

过去，我国农业主要采取的是粗放型的生产方式，这种生产方式对生态环境的影响非常大。比如，植被遭到破坏，生态功能下降，生态环境恶化；焚烧秸秆造成环境污染；过度使用农药、化肥，造成土壤污染，以及农膜的

---

① 参见《中共中央办公厅　国务院办公厅印发〈关于创新体制机制推进农业绿色发展的意见〉》，新华社，2017年9月30日。

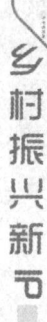

广泛施用引发污染等。因此，必须加快转变农业生产方式，使农业生产方式向专业化、规模化、集约化的方向发展。

首先，推广省工节本增效技术，因地制宜配套节水灌溉设施，提高灌溉用水的利用率，从而降低生产成本；大力推广小麦精量播种、水稻侧深施肥等技术，发展高性能、复合式机械作业，加快推进标准化技术体系。

其次，积极开展废旧农药、肥料、旧农膜等废弃物的回收处置工作，推广农膜回收利用和减量替代技术，提高农膜回收利用率，减少农膜使用量。

最后，开展化肥农药减量增效工作，推进生态农田建设和土壤改良，有效提升土壤的质量。

二、推进秸秆离田综合利用

过去农民收割后，会将秸秆就地焚烧，严重污染了环境。可随着秸秆禁烧禁抛的更高要求，秸秆不得露天焚烧，又不能乱扔乱埋，致使很多新问题产生。

秸秆离田综合利用成本高，且涉及大量农户，推广难度非常大。为了提高秸秆离田综合利用水平，必须多措并举、多管齐下。通过电视、网络等媒体，多渠道、多角度、全方位地宣传，让广大农民认识到秸秆离田综合利用的好处，并了解相关的政策，引导和教育农民积极配合，杜绝露天焚烧、乱抛秸秆；鼓励和调动企业收购利用秸秆的积极性，营造秸秆离田综合利用的良好氛围。

三、推行农业标准化生产，让产品安全有保障

强化农村标准化生产技术培训，建设农业标准化生产基地，培育如专业合作社、龙头企业等新型农业经营主体。按照"有标可依、按标生产"的要求，大力推行农业标准化生产。积极开展"三品一标"（无公害农产品、绿色食品、有机农产品和农产品地理标志统称"三品一标"）认定认证工作，使农产品的质量安全得到保障。

四、完善相关法规与制度，建立健全政策保障体系

农业绿色发展是一个庞大且复杂的工程，会涉及多种要素和生产技术的应用，以及从生产到消费的多个环节和多方面利益。要确保该系统工程能够正常且高效地运转，必须发挥政府的引导功能，对应出台一系列的制度措施，如农药使用制度、加工运输制度、环境监测保护制度、消费者权益保护制度等，从而促进农业可持续发展。

五、提升行业管理能力水平

建立健全政策保障体系之后，还要提升行业管理能力水平。必须全面贯彻《农药管理条例》，加强农药监督管理，开展危险化学品使用安全专项治理和农药行业安全生产专项整治行动，监督指导农药生产者、经营者、使用者认真落实安全生产主体责任。

加强植物检疫管理，提高病虫疫情监测处理的规范性与科学性，对于重大疫情能够做到监测及时，通报及时，有效处理。

此外，还要加强对农业投入品的管理，以农资生产企业、经营门店为主，加强对种子、化肥、农药、农膜等的监督管理，特别要重视对剧毒、高毒和

禁限用农药的管理，保障广大人民群众的食品安全。

六、改善农村人居环境

改善农村人居环境是实施乡村振兴战略的一项重要任务，比如，要对农村改厕、污水治理、生活垃圾处理等突出问题进行治理，使农村人居环境得到改善，提高农村人居环境品质。

加强乡村生态保护与修复

生态保护和修复工作是生态文明建设的重要组成部分。2018年,中共中央、国务院印发的《乡村振兴战略规划(2018—2022年)》指出,要大力实施乡村生态保护和修复重大工程,健全重要生态系统保护制度,促进乡村生产生活环境稳步改善,自然生态系统功能和稳定性全面提升,生态产品供给能力进一步增强。① 具体来说,应从以下三个方面入手:

一、实施重要生态系统保护和修复重大工程

实施重要生态系统保护和修复重大工程是党的十九大作出的重大决策部署。2020年,国家发展改革委、自然资源部印发了《全国重要生态系统保护和修复重大工程总体规划(2021—2035年)》。

该《规划》以全面提升国家生态安全屏障质量、促进生态系统良性循环和永续利用为总体目标,以统筹山水林田湖草一体化保护和修复为主线,明确了到2035年全国生态保护和修复工作的总体要求和主要目标,提出了各项

---

① 参见《中共中央国务院印发〈乡村振兴战略规划(2018—2022年)〉》,新华社,2018年9月26日。

重大工程的重点任务和政策措施，形成了推进全国重要生态系统保护和修复重大工程的基本框架。

该《规划》提出了以"三区四带"为核心的全国重要生态系统保护和修复重大工程总体布局。"三区"是指以青藏高原生态屏障区、黄河重点生态区（含黄土高原生态屏障）、长江重点生态区（含川滇生态屏障），"四带"是指东北森林带、北方防沙带、南方丘陵山地带、海岸带。

加强乡村生态的保护与修复，还应大力实施大规模的国土绿化行动，建设"三北"、长江等重点防护林体系，扩大退耕还林、退耕还草的范围，巩固退耕还林、退耕还草的成果；推进严重退化草原治理、草原防灾减灾等工程；大力推进水土流失、荒漠化、石漠化的综合治理和绿色小水电改造；推进农用地和低效建设用地的整理，对于历史遗留的损毁土地积极开展复垦；加强矿产资源开发集中地区的生态修复；加强对外来入侵物种的风险评估等。

二、建立健全重要生态系统保护制度

建立健全重要生态系统保护制度，可以让我们有章可循，比如，完善天然林和公益林保护制度，完善荒漠生态保护制度以及草原生态监管和定期调查制度，推行河长制、湖长制，严格落实地质遗迹、风景名胜区等各类保护地保护制度等。

相比之下，美国的生态保护制度就比较完善，值得我们学习和借鉴，主要表现在以下方面：

首先，明晰自然资源产权的主体，实行垂直管理模式。美国的各个政府机构只是联邦政府这一自然资源产权主体的"代理人"，他们的收益主要来自国家给予的工资，而不能拿资源牟利，国家采取垂直管理模式。

其次，制定相关部门的机构组织法，对于经营自主权、资金来源、权力边界等都做到有法可依。即便是各机构在湿地资源、水资源、森林资源等方面存在重叠，也不会出现互相推诿的情况。

除此之外，美国还建立了强有力的资金机制，必要的财政资金保障确保了生态保护体系的良好运转。

三、健全生态保护补偿机制

2016年，国务院办公厅印发了《关于健全生态保护补偿机制的意见》，该意见明确提出将推进七大方面的体制机制创新。

第一，建立稳定的投入机制。通过多种渠道筹措资金，加大保护补偿的力度，加强对生态保护补偿资金使用的监督管理。

第二，完善重点生态区域补偿机制。划定并严守生态保护红线，研究制定相关生态保护补偿政策。健全国家级自然保护区、世界文化自然遗产、国家级风景名胜区、国家森林公园和国家地质公园等各类禁止开发区域的生态保护补偿政策。

第三，推进横向生态保护补偿。研究制定以地方补偿为主、中央财政给予支持的横向生态保护补偿机制办法。

第四，健全配套制度体系，以生态产品产出能力为基础，完善测算方法，加快建立生态保护补偿标准体系。

第五，创新政策协同机制，研究建立生态环境损害赔偿、生态产品市场交易与生态保护补偿协同推进生态环境保护的新机制。

第六，结合生态保护补偿推进精准脱贫，创新资金使用方式，开展贫困地区生态综合补偿试点，探索生态脱贫新路子。

第七，加快推进法治建设，不断推进生态保护补偿制度化和法制化。

积极推进农业循环化发展

循环农业是指在农作系统中推进各种农业资源往复多层与高效流动的活动,以此实现节能减排与增收的目的,促进现代农业和农村的可持续发展。

近半个世纪以来,我国农村一直采取粗放型的生产方式,大量使用农药、化肥等化学物品,导致环境污染严重、土壤板结造成肥力减弱、生物多样性减少、食品安全问题等。

因此,只有发展循环农业才能实施农业可持续发展战略。那么,推进农业循环化发展有哪些模式呢?

一、物质再利用模式

物质再利用是指将废物直接作为产品或者经修复、翻新、再制造后继续作为产品使用,或者将废物的全部或部分作为其他产品的部件予以使用。

就农业而言,物质再利用是通过农业废弃物多级循环利用,将上一个产业的副产品或者废弃物用于下一个产业的原料。比较常见的畜粪、沼气等的利用。

1. 畜粪的利用

因地制宜建立畜粪收集处理中心，规范运作和户集、村运、片收的收集机制，提高畜粪收集率和综合利用率。

2. 沼气的利用

将农作物秸秆、畜禽养殖场排泄物以及生活污水等作为沼气基料进行处理，把产生的沼气作为燃料，沼渣、沼液又可以作为有机肥，可谓一物多用。

二、减量化模式

什么是减量化模式呢？这与农业中过度使用化肥、农药恰恰相反，减量化模式主要体现在规范使用农药、兽药、化肥、饲料及其添加剂，推广病虫害绿色防治、应用测土配方施肥等技术，提高化肥农药的利用率。

比如，以色列的节水农业就值得我们学习和借鉴。完善的节水农业体系是以色列循环农业的突出体现，在以色列普遍使用滴灌、微滴灌、喷灌、微喷灌等技术，取代了传统的沟渠漫灌方式，减少了水资源的浪费。

其中最值得借鉴和学习的是农业滴灌技术，它的好处主要表现在四个方面：一是节水，不会造成水资源浪费，而且有利于循环利用废污水，以色列规划农业灌溉使用的都是污水再处理后的循环水；二是水能够直接输送到农作物根部；三是经过污水处理后的净化水不会造成土壤盐碱化；四是在坡度较大的耕地使用滴灌方式，不会加剧水土流失。

三、以秸秆为纽带的农业循环模式

秸秆还田不仅能减少焚烧排放，减少环境污染，还有利于增加农田肥力，除了常见的秸秆还田模式外，还可以围绕秸秆饲料、基料、燃料综合利用，构建"秸秆——青贮饲料——养殖业""秸秆——基料——食用菌""秸秆——

成型燃料——燃料——农户"产业链。

日本爱东町地区发展循环农业不是以秸秆为纽带的,而是以油菜为纽带的农业循环模式,油菜籽利用后剩下的油渣经过处理后可以成为优质的有机肥料或者饲料。另外,回收的废弃食用油经过加工处理后,可以变成生物燃油。

20世纪90年代,德国的科学家发现可以从一些农产品中提取化工原料和矿物能源的替代品,从而实现农产品的循环利用,并且保证都是绿色无污染的。比如,从马铃薯、玉米、油菜等农作物中制取甲烷、乙醇,从而研制出绿色能源;从羽豆中提取生物碱等。

四、资源化模式

资源化模式是在不破坏环境和节约资源的基础上,通过元素的有效配置达到有利关系的最大化。比如家禽的粪便可作为原料投入到发酵设备中,产生的甲烷气体又可以用来发电,剩下的半固体废渣再进行固液分离,固态物质能够用于堆肥,液态物质经过处理后再次利用。

英国的"永久农业"就是资源化模式的典型代表。耕种土地时,通过绿色护盖和多种类种植等技术保养土地,构建绿色发展规划;通过多种植物及促使食肉动物进入生态系统来消灭害虫。

五、生态产业园模式

生态产业园是依据循环经济理论和产业生态学原理而建立的一种新型产业空间形态,菲律宾玛雅农场就是生态产业园模式的优秀典范。

菲律宾玛雅农场形成了一个农林牧副渔业良性循环的生态系统。面粉厂产生大量麸皮,为了发挥麸皮的"余热",建立鱼塘和养殖场,接着又成立罐头制造厂和肉食加工厂。

将畜禽粪作为原料，农场建立沼气车间，每天生产的沼气可用于农场生产和家庭生活所需。从产气后的沼渣中回收牲畜饲料，其余用作有机肥料。产气后的沼液经处理后，送入水塘，最后再取塘水、塘泥来肥田。再将农田生产粮食送到面粉厂进行加工，进行下一次循环，周而复始。

开展农业环境污染综合整治

农业环境污染主要是指过度使用化肥、农药造成的土壤污染,土壤氮、磷、钾的缺失,焚烧秸秆造成的环境污染,大量畜禽粪便对水体的污染,以及温室农业产生的塑料等废弃物对环境造成的污染等。

农业环境的污染,会制约农业从数量型向质量效益型转变,并对农业可持续发展以及人们的身体健康造成威胁,因此必须采取措施,开展农业环境污染综合治理,恢复良好的生态环境,促进农业可持续发展。

一、农药污染的防治

在农药污染的防治方面,除了在生产过程中严格执行国家的相关标准与规定外,还应做好以下工作:

一是根据作物布局以及病虫发生的特点,有针对性地对农作物主要农药产品开展监督抽查,特别是对于非法添加农药隐形成分的产品,更要加强抽检力度;组织开展高毒高残留、禁药限用农药的专项治理行动;改进农药剂型,开发使用低毒、低残留、高效、易分解的农药,减少农药残留。

二是认真贯彻落实《农药管理条例》的相关规定,加强农药经营许可的管理,对农资经营台账进行严格管理,完善农资经营管理制度。

三是加强宣传培训,增强法律意识和环保意识,定期组织开展对农药企业、农业执法人员和经营人员的分类培训,开展科普宣传,普及农药禁用、限用的规定。

二、化肥污染的防治

由于长期大量使用化肥,使得进入土壤中的一部分化肥没有被作物吸收利用,也没有被根层土壤吸收固定,而是在土壤根层以下积累或者转入地下水,成为污染物质。

化肥污染的防治工作中,措施主要有要求加强环保意识,加强对土壤肥料的监测管理;不要长期大量使用同一种化肥,要掌握好施肥的次数、时间和用量,改进施肥方法,提高肥料利用率;化肥与有机肥要配合使用,既可增强土壤保肥能力,减少水分和养分的流失,还能防止土质疏松和土壤板结;加强土壤肥料监测和管理,进行测土配方施肥,增加钾肥、磷肥和微肥的用量,通过土壤中钾、磷和微量元素的作用,降低农作物中硝酸盐的含量。

除此之外,相关部门还应该制定防止化肥污染的法律法规,推广无公害农产品施肥技术,使农产品在生产过程中做到肥料使用有法可依,有章可循,达到防治污染的目的。

三、重金属污染

土壤无机污染物中重金属污染较为严重,是因为重金属不能被土壤微生物分解,易于积累,转化成毒性更大的甲基化合物,甚至会通过食物链危害人体健康。土壤重金属污染物主要有汞、镉、铜、铬、铅、锰、镍、铁、锌等。

土壤若遭到重金属污染，恢复起来十分困难，因此要以防为主，防治结合，严格控制和消除污染源。对于已经被污染的土壤，更要加强管控，防止重金属进入食物链，危害人体健康。

防治重金属污染的主要措施有：严格执行国家的相关法律、法规、标准，定期监测，做好基本农田保护；在已经污染的土壤上要选择种植抗性强、富集量小或者不进入食物链的农作物，比如，选择种植对重金属吸收残留较小的瓜果类和根茎类蔬菜进行种植，或者种植不易吸收残留重金属的玉米，还可以改种花卉、苗木、棉花等经济作物；通过施用有机肥、抑制剂，或者碱性肥料，改善土壤质量；采取各种农业措施，调节土壤氧化还原状态，促进重金属迁移转化，减少重金属危害。

四、生活垃圾、生活污水及工业"三废"污染

生活垃圾、生活污水和工业"三废"（工业"三废"是指工业生产过程中排出的废气、废水、废渣的简称）的不合理排放，会造成农业用水污染，使用富含重金属的废水进行灌溉和重金属随着大气沉降，都是重金属进入土壤的途径。

针对此类污染，要提高处理能力，比如配置垃圾收集点和收集车、运输车，建设污水设施，对已建成的污水处理厂进行深入指导服务等。

五、大量畜禽粪便对水体的污染

随着畜牧业规模养殖的迅速发展，因牲畜粪便造成的农业污染日益严重。不少畜禽养殖场没有处理能力，直接将粪便倒入河流，或者随意丢放，这些粪便进入水体后，会大量消耗氧气，导致水中的微生物不能存活，造成严重的"有机污染"。

针对这种污染,要加强宣传引导,让养殖户提高绿色发展意识,并强化技术支持,促进畜禽粪便污染资源的利用。

开展农村环境污染综合治理

在我们身边,环境污染尤为常见,特别是在农村地区。随着现代化的推进,农村的生产能力虽然得到了提升,但是仍有不少地方没有完整的生活污水管网、垃圾处理站,乱倒、乱排现象成了乡村建设的痛点。

农村的环境污染主要包括四个方面,即农村生活垃圾的污染、生活污水的污染、农村牲畜粪便的污染和农药的污染。针对这四种主要污染,该如何进行综合治理呢?

一、农村生活垃圾污染的处理

过去的农村,果皮、香烟蒂、包装袋、瓜子壳、纸团等生活垃圾的乱丢乱放现象比较常见。随着国家对农村环境污染问题越来越重视,并及时采取相应的治理措施,农村的生活垃圾污染情况得到了明显改善。

积极推进农村生活垃圾"户集、村收、镇运、县处理"的无害化处理工程,地方政府聘用当地的农民作为保洁员,负责打扫和垃圾的收集工作,并按照当地的物价给予一定的薪酬。每村收集好的垃圾可进行小区域集中处理,也可由当地乡镇负责将垃圾转运到县市，统一由环卫部门负责处理。

二、生活污水的处理

农村生活污水主要包括厨房用水、便池冲水，以及生活的洗刷水。农村生活的污水排放与城市生活污水有着很大的区别，由于农村房屋比较分散，所以污水的排放也比较分散，并且涉及的面也非常广，处理起来就比较困难。

农村生活污水的处理是将生活污水中的有害物质和污染环境的成分降解、消除，进行无害处理。农村的生活污水处理要按照"多样化、生态化、就近化"的思路进行开展。

对于居住较为分散、经济条件不是很好的村庄的生活污水，应采取低成本、分散式、易管理的方式来处理；对于村民较为集中，人数较多的城镇，可通过建设中小型污水处理站，将数十户、数百户的村民分散排放的生活污水通过沟渠或者管网收集起来，然后进行集中处理；对于村庄集中的居住点，可通过厌氧消化＋人工湿地工艺的处理方法来处理污水。此外，条件较好的村庄可建设人工湿地处理系统。

三、农村牲畜粪便的污染处理

在农村，畜牧养殖业是非常重要的行业，既可以满足市场的需求，又能提高农民的经济收入，带动农村经济发展。但是随着畜禽养殖量的增加，便产生了一个问题——如何处理畜禽的粪便，若大量的畜禽粪便得不到及时处理，将会严重影响环境卫生。

首先，大量的畜禽粪便会对水体和土壤造成污染。这些未经过处理的污染物进入量超过土壤的自净能力之后，就会导致营养物质和矿物质的富集，从而改变土壤的结构，使植被的生存环境发生改变。

其次，大量的畜禽粪便会污染空气。由于我国小城镇建设有向郊区农村延伸的趋势，将会导致畜禽养殖场与人们生活的距离缩短，养殖场的空气污染势必会影响人们的正常生活，畜禽粪便大量且长期存在，会使蚊蝇大量繁殖，滋生细菌，从而给人们的身体健康造成严重影响。

为改变这一现状，基层政府要督促规模化养殖场采取符合国家标准的污染防治措施，对禽畜养殖场严格审批，对不达标的禽畜养殖场不予审批；规模较大的养殖场要尽量建在远离居民集中生活区，政府要统一协调，打破村、镇的界限，建立集中养殖小区，建设公用的污染处理中心。

此外，还应加强卫生管理，制定出相应的制度与规定，对违规者要进行处罚，从而引导养殖户科学养殖，杜绝污染。

四、农药的污染处理

在农村，农民处理农药残液、农药包装，以及清洗药物器具的冷水时，都比较随意，导致这些污染物随着雨水进入江河湖泊，从而污染水资源，威胁饮用水安全。

针对这些情况，首先要正确引导农民科学施肥，合理用药；推广和应用生物防治病虫害技术，研发低毒低残留高效的新农药；改进施肥方式和灌溉方式，减少肥料流失，推广生物肥料的使用等。其次要大力发展有机、绿色、无公害的农产品。最后要积极发展现代生态农业，推进农业规模化、集约化经营，使用较少的生存资料、劳动力和技术措施，生产出更多的农产品，提高土地的生产率。

第八章

思想振兴：提升农民幸福感

思想强农与乡村振兴的关系

经过改革开放40多年的发展,我国经济取得了令人瞩目的成绩,但是发展不平衡的问题仍然突出。2018年1月2日,《中共中央 国务院关于实施乡村振兴战略的意见》文件指出:"当前,我国发展不平衡不充分问题在乡村最为突出。"① 导致这种不平衡不充分的原因很多,农村思想文化建设滞后便是其中之一。

一、当前一些农民存在的思想问题

一些村级组织和村干部不重视思想文化建设,缺乏思想文化建设的规划,有的村庄多年都没有组织过有计划的学习教育活动,有的村子没有集体图书,或者把图书当成一种摆设、一种门面,还有一些村子没有文化场所,有的村子虽然有文化大院和农村书屋,却形同虚设。

以上这些原因,导致农民思想认识水平不高,产生了一些落后思想,主要表现在以下几个方面:

---

① 《中共中央 国务院关于实施乡村振兴战略的意见》(2018年1月2日),新华社,2018年2月4日。

1. 法律意识不强

在一些农村,人们对法律缺乏敬畏之心,存在"人情大于王法"的落后观念,封建思想残余依然毒害着人们,依然有农民参与迷信活动。另外,因农民信仰缺失,赌博活动屡禁不止,对农村社会秩序造成不良影响。

2. 小富即安的思想盛行

一些农民对未来没有规划,随遇而安,日常生活除了工作就是打牌,没有精神追求。还有一些人"等、靠、要"思想严重,自己不上进,还奢望过上好的生活。当然,也有不少农民有发家致富的美好愿望,但因没有技术,不熟悉市场,不懂管理,做不成产业。

3. 优良传统正在逐渐消失

有的村民思想道德水平不高,存在金钱至上、拜金主义思想,村民常常为了一点儿小利益,争得面红耳赤,甚至大打出手。操办红白喜事讲究排场,铺张浪费情况严重,勤俭节约、勤劳致富等一些优良传统正在逐渐消失。

4. 对身份文化不够自信

"好好读书,将来考上大学,有一份好工作,走出农村。"这是很多家长,甚至是教育工作者,在教育孩子、学生时经常说的一句话。"远离农村,远离农业"成了农村孩子必须接受的思想教育,这种教育方式反映出农民从骨子里渗透出一种观念——当农民没有出息,对农民的身份不够自信。

二、思想强农与乡村振兴的关系

思想不振兴,文明乡风就难以形成,文化振兴就无从谈起。当然,缺少了精神动力的支撑,乡村振兴战略实施起来就会困难重重,难以推进。因此,要实现乡村振兴,实施"思想强农"工程势在必行。

我国经过了 40 多年的改革开放，无论是经济形式还是经济内容，都发生了很大的变化，改变了过去单一经济成分的现状。与之相应的，人们的思想也发生了很大变化，产生了多元需求，这势必对思想文化建设提出了更高的要求。

因此，精神文明建设也要从形式、内容、方法上做出相应的改变。对于农村来说，加强农村思想文化建设非常重要，应立足于新时代，对乡村精神文明建设进行科学规划，精心设计，形成一套能够适应新时代要求的农村精神文明建设的方法，使乡村精神文明在内容和形式上完成转变。

在农村精神文明建设初期实施"思想强农"工程时，要坚持以问题为导向，解决乡风文明建设中的难点、热点问题，同时也要对农村思想文化建设进行总体规划。

思想支配行为，行为反映思想，思想是一切行动的源头。实施"思想强农"工程必须处理好思想与行为二者的关系，不能只在行为上约束农民，这样做治标不治本，问题会层出不穷。因为行为是受思想支配的，只有在思想上加强对农民的引导，当农民的思想改变了，农民的行为才会越来越规范，素质才会提高。

要做好"思想强农"这一系统工程，不能单纯地采用目标性管理，否则会违背群众意志和思想文化建设的基本规律，使思想文化建设流于形式，领导干部忙着落实工作，群众却不买账，或者成了看客。

这要求我们一定要纠正以经济手段代替思想教育、以目标性考核代替动态管理等错误做法，认真研究与探索，找出一条以"思想强农"推动乡村振兴的可行路径。

转变思想观念，推进乡村振兴

乡村振兴是新时代"三农"工作的总抓手，要推进乡村振兴，作为乡村振兴的主体和作为乡村振兴的领头雁的基层领导干部，都不能局限于过去传统的思路和办法，不能拘泥于过去的套路和经验，必须转变思想观念。

一、基层领导干部必须转变思想观念

"基层不牢，地动山摇。"基层干部在乡村振兴中发挥着重要作用，因此，基层领导干部需要进一步提高政治站位，用更高的站位、更大的格局、更广的视角来推动乡村振兴；坚持以宽广的思路、更大的胆魄、更多的办法来创新，狠抓各项工作落实，积极为乡村振兴贡献力量。具体来说，基层领导干部需要转变以下思想：

1. 消除"官本位"观念，树立群众观点

一些基层领导干部一旦发现工作中出了问题，不在自己身上找原因，而是认为群众素质低，不理解不支持自己的工作，这与我党坚持的群众路线、群众观念的理论是相违背的。

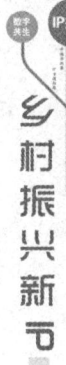

这种做法是"官本位"思想的体现。"官本位"是一种以官为本、以官为贵、以官为尊为主要内容的价值观，简单地说就是以干部为中心，干部永远都是正确的，干部可以管理群众，让群众听干部指挥，不能犯上。

显然，"官本位"思想已经落后于时代了，必须清除"官本位"观念和特权思想，以平等的态度对待群众，虚心听取群众的意见，接受他们的监督。作风民主，心里有群众，关心群众，认真解决群众问题，工作开展起来就会顺畅很多。

2. 清除经验主义观念，坚持一切从实际出发

不少基层领导干部喜欢凭借经验开展工作，虽然丰富的经验十分宝贵，但是如果不研究发展、变化的新形势，仅凭经验做工作，脱离了实际，难免会犯错误。

现在的农民已经不是传统意义上的农民了，他们的文化水平提高了，社交能力更强了，走南闯北，增长了见识。而且随着互联网的发展，人们可以通过网络了解更多信息，民主意识不断增强，参政议政的欲望越来越强烈，这就要求基层领导干部必须充分发扬民主，遇到事情要多与群众商量，办事要公开公平，坚持一切从实际出发，才能把工作做好，在推进乡村振兴的道路上越走越顺畅。

3. 正确处理人民内部矛盾

随着市场经济的发展，社会矛盾也变得越来越复杂，主要体现在经济利益的调整与分配上，比如农村宅基地纠纷、财务管理等人民内部矛盾，我们要以说理的方式来解决矛盾，若解决不了，可按照法律程序进行调解。

4. 消除小农意识

有些干部认为推进乡村振兴这件事费心劳神，还影响自己致富。若不能

为自己谋私利，就干得没有动力，这就是典型的小农意识。基层领导干部一定要有远大的胸怀，要认真完成上级安排的各项任务，也要谋划本村经济发展，既要自己致富，也要带领人民群众共同致富。

二、转变农民思想

转变农民思想，要做好农村宣传思想工作，帮助农民从纷繁复杂的信息中分辨是非，辨别真伪。就农民个人而言，也要主动转变思想。思想决定行为，只有思想观念转变了，才能改变贫困的现状。

1. 关心村集体，村集体的利益与自己息息相关

乡村怎样才算振兴呢？村民富裕了，生活水平提高了，是乡村振兴的一个重要体现。从这个角度来说，乡村振兴的目的与公司运营的目的是一样的，都是为了赚钱。若把村集体看作公司的话，那么村民就是员工，就是股东，关心村集体也是必然的，因为村集体的利益与自己的利益息息相关，如果公司都不赚钱，员工哪里来的工资呢？

2. 坚持村干部的领导

如果村集体是一家公司的话，那么，村干部就是公司的总经理，公司效益好不好，与总经理息息相关。同样，村集体要想搞好，也得依靠村干部的力量。因此，村民一定要选出一个有能力、负责任的领导，并监督村干部的行为，让他更好地为这个集体谋福利，带领大家共同致富。

3. 要有大公无私的精神

农村在发展建设中，会遇到征地、拆迁、补偿等问题，一些村民为了个人利益，刁难村干部，导致工作无法开展，项目无法顺利实施。因此，村民一定要有大公无私的精神，不能处处想着自己的个人利益。

发挥思想政治教育的重要作用

党的十九大提出了乡村振兴战略。乡村振兴战略是乡村全方位的振兴，不仅包括乡村经济振兴，还包括乡村文化、政治和农民文明程度等诸多方面的振兴。我国是一个农业大国，农村人口有9亿之多，若没有农村文化的振兴，就谈不上乡村振兴战略的实现，因此，对农民进行思想政治教育是非常必要的。

要想农业、农村获得发展，农民的生活水平得到提高，就必须先解放农民的思想，因为"思想是行动的先导"，只有让农民的思想活起来，农村和农业才能够获得发展。

一、农民思想政治教育的现状

近年来，乡村振兴战略的实施，使农村取得了一定的成果，但同时也暴露出一些深层次的问题，其中较为突出的就是农民的思想政治教育问题，若不加强农民思想政治教育，将会影响乡村振兴的健康发展。

1. 缺乏集体观念

农民普遍觉得只要把自己的日子过好即可，缺乏集体观念，小农意识较强，所以，当个人利益与集体利益发生矛盾时，往往只考虑个人利益，缺乏集体主义意识。

农民有这样的思想，其原因是多方面的。比如，五千多年来形成的自给自足的小农意识。再比如，实行家庭联产承包责任制，虽然调动了农民的生产积极性，但也削弱了农民的集体意识。

2. 价值观念、生活方式的多样化

经过40多年的改革开放，我国的经济、政治、文化等方面飞速发展，变化之快，必然会带来人们生活方式、价值观念的变化。一味追求经济利益，忽视了思想道德素质的提高，拜金主义、享乐主义、金钱至上等思想观念侵蚀了人们的大脑。在生活方式上，从过去的勤俭节约、勤劳朴实到现在的盲目攀比，铺张浪费。

造成这一状况，一方面是因为农民从改革开放中真切地体会到了变化，享受到了经济发展带来的实惠，也让农民误以为只有创造更多的物质利益，才能享受到更幸福的生活；另一方面，改革开放带来的不只是进步，还有一些不良的社会思潮，由于农民文化水平不高，缺乏辨别能力，所以很容易受到不良社会思潮的影响。

3. 缺乏对进城务工人员的思想政治教育

改革开放以后，我国的城镇化建设取得了瞩目的成绩，大量农民来到城市务工，他们在推进城镇化进程中贡献了力量，但同时也带来了一系列问题，进城务工人员的思想政治教育就是问题之一。

造成进城务工人员思想政治教育缺失的原因，一方面是进城务工人员长期在外务工，农村基层党组织无法对其进行思想政治教育；另一方面是进城务工人员的居住场所还没有完全普及思想政治教育。当然,这与进城务工人员自身也有一定的关系,他们认识不到思想政治教育的重要性,对其存在抵触心理。

4. 农村基层党组织未履行职责

在一些农村,基层党组织存在"缺位",未能很好地履行职责,更不用说向农民宣传国家方针政策,进行思想政治教育了。造成这一现象,与农村基层党组织建设不完善、农村基层党组织人员觉悟不高有关。

二、发挥思想政治教育的重要作用

推进乡村振兴是事关全面建设社会主义现代化国家的全局性、历史性任务,实现乡村振兴,农民的生活水平才能提高,才能拥有美好的生活。当然,美好生活不仅体现在物质层面,也包括精神层面。农民是乡村振兴的主体,农民文明素养直接影响乡村振兴战略的顺利实施,因此思想强农与乡村振兴是息息相关的。

1. 思想政治教育是激发乡村振兴的内生动力

当前,一些农民对乡村振兴战略认识不清楚,也不知道该如何参与乡村振兴,以及乡村振兴与自己有怎样的关系,这都影响了乡村振兴的"内生动力"从潜在向现实的转化。

在农村开展思想政治教育工作,用农民喜闻乐见、能听得懂的形式,帮助农民了解和认识乡村振兴,增强农民的主体意识,培育农民的担当意识,让农民形成责无旁贷的意识,激励农民积极参与到乡村振兴事业中来。

2. 思想政治教育能增强农民法治、民主、道德意识

引导农民形成良好的法治意识、健康的民主意识以及较高的道德素养,

是实现乡村振兴的基本要素,也是提升乡村治理水平的体现。

在农村开展法治和道德教育,能让农民清楚法律权威、道德底线以及人情边界的关系,增强农民自我管理意识,强化法律权威地位,树立良好的道德品质,引导农民依法参与乡村治理,提升村民自治的水平。

3.思想政治教育有助于提升乡村社会文明程度

近年来,随着农村精神文明建设的逐步推进,乡村文明程度得到了明显的改善,但同时也存在一些问题,比如大操大办红白喜事,人情消费攀比严重,对待老人厚葬薄养等。因此,一定要加强农村思想文化建设,开展文明乡风教育,弘扬农村优秀传统文化,提升农民的思想道德水平,培养积极向上的乡村风气,从而提升整个乡村社会的文明程度。

此外,人才振兴是乡村振兴的基础,思想政治教育将有利于吸引人才,留住人才。然而,乡村价值流失、漠视乡村价值是引发村民外流、乡村引才困难的重要原因,因此要通过加强思想教育,重建农民乡村价值自信,让人们愿意扎根农村,为农村建设作贡献。

加强农民思想教育工作的方法

当前我们正处于中国特色社会主义新时代,在推进乡村振兴、全面建设社会主义现代化强国的进程中,加强农民思想教育势在必行。这是统一农民思想认识、凝聚力量的必然需要,也是实施乡村振兴战略的必然要求。

乡村振兴是一项涉及经济、政治、文化等多方面的系统工程,农民则是乡村振兴的主体,加强对农民进行思想教育工作,有利于促进乡村振兴,提高农民的政治参与度,提高农民的民主意识。促进乡村政治建设,提高农民参与乡村振兴的积极性,确保党和国家的相关政策能够在农村得到贯彻和落实,有利于农村经济建设,倡导农村健康文明新风尚,促进乡村文化的振兴。

一、当前农村思想政治教育工作存在的问题

要加强农民思想教育工作,我们首先要清楚当前农村思想政治教育工作中存在哪些问题,然后才能有针对性地改进。

1. 缺乏高素质的教育队伍

农村思想政治教育队伍是农村开展思想政治教育的主导者,他们素质的高低直接影响农村思想政治教育工作的效果。目前农村思想政治教育工作人员多是由乡村干部及村干部兼任,没有专职人员负责,这导致了教育效果不尽如人意。

2. 教育内容陈旧,农民不感兴趣

随着改革开放的深入,农民的思想发生了很大的变化,如果农村思想政治教育的内容不随之改变,依然是陈词滥调,就很难激起农民的兴趣。因此,农村思想政治教育必须结合实际,根据农民的思想认知,改进教育内容。

3. 教育方法与途径单一,无法适应时代要求

农村的思想政治教育工作者要解放思想,与时俱进,寻找更适合农民的教育方法,不能只限于简单地说教,组织教育培训等,应采取多种多样、百姓乐于接受的方式,加强思想政治教育。

二、加强农民思想政治教育的措施

加强农民的思想政治教育,对于实现乡村振兴战略具有重要意义,那么,可以采取哪些措施来加强农民思想政治教育呢?

1. 加强农村基层党组织对农村的领导

要加强农村基层党组织对农村的领导,首先要完善农村基层党组织的建设,建成机构完善、人员配备齐全、分工明确的基层党组织;其次要加强农民思想政治教育队伍建设,以通俗易懂的方式向农民宣传党和国家的方针政策。

组建农民思想政治教育队伍,专业很重要,这要求我们一定要严格选拔人才。在选拔过程中要遵循高标准、高质量、严要求的原则,组建出一支"爱

农民、懂农村、会农业"的专业人才。

2. 增强思想政治教育的吸引力

不少农民对思想政治教育存在抵触心理，针对这个问题，一要发力发展农村生产力，提高农民的生活水平和生活质量；二是领导干部要积极解决农民反映强烈和突出的问题。

3. 大力发展农村教育事业

农民文化素质的高低，将直接影响农民对思想政治教育的接受程度。农民文化素质越高，对党的方针政策的理解能力就越强，思想政治教育的作用就越明显。

因此，一定要大力发展农村教育事业，这不仅有利于培养农村本土人才，还能加强对农民的教育，提高他们的科学文化素质和思想道德素质。

4. 借助新媒体对农民进行思想政治教育

进城务工人员常年在外务工，无法对其进行思想政治教育，但我们可以借助新媒体，让进城务工人员通过手机、电脑等在网上接受思想政治教育。

思想政治教育工作者平时要加强网络技术的学习，让网络成为农民思想政治教育的工具、帮手，耐心引导农民了解各种自媒体平台，让自媒体技术成为农民了解乡村振兴的重要窗口。

学习红色文化，助力农村振兴发展

红色文化是一种重要资源，是在革命战争年代，由中国共产党人、先进分子和人民群众共同创造并极具中国特色的先进文化，蕴含着丰富的革命精神和厚重的历史文化内涵。

红色文化是我国历史文化的积淀，是中华民族文化的瑰宝，对传承、弘扬民族文化和革命精神，促进乡村振兴有着重要的作用。

一、红色文化为乡村振兴提供动力

红色文化是一笔宝贵的精神财富，它弘扬了优秀的革命传统。它所具有的团结一心、奋勇拼搏的精神，对于革命地区的农民影响非常深远。一提到红色文化，农民的自豪感、荣辱感、责任感便油然而生，红色文化为乡村振兴提供了强大的精神动力。

此外，红色文化的精神内核具有鲜明的时代特征，社会影响十分广泛，在广泛学习红色精神的时代背景下，红色精神犹如一张名片，引导人们去找寻红色精神的发源地，这也为乡村振兴提供了发展的可能。

二、红色文化在乡村振兴中具有引领作用

红色文化是马克思主义基本原理同我国具体实际相结合的精神产物,是对世界优秀文化和中华民族优秀传统文化的继承、发展和创新,因此我们一定要充分发挥红色文化在乡村振兴中的引领作用。

1. 挖掘红色文化内涵,树立乡村文明新风尚

乡风文明是乡村振兴的重要保障,红色文化是革命精神、革命传统、作风、道德等的综合体现,其中蕴含的爱国情怀、高尚道德情操等精神内涵是乡风文明得以发展的源泉。

因此,树立乡村文明新风尚,一定要加强对革命英雄、先进人物事迹精神的宣传,为广大农民树立标杆,让农民接受红色文化的熏陶,为实现乡村振兴奠定坚实的基础。

2. 加强红色遗迹的保护,有利于生态兴农

不少革命老区地处偏僻的山区,经济不发达,生活条件落后,但同时这些地区又拥有自然生态优势、优秀传统文化优势以及革命历史文化优势等。我们要充分利用这些优势资源,加强对红色遗迹的保护和开发,从而推动乡村绿色生态发展,走出一条"红色+生态""红色+民俗""红色+美丽乡村"等特色化的发展道路,打造出宜居宜业红色文化生态村,提高农民的收入,改善人们的生活。

3. 依托红色基因传承,加强基层党建引领

有效治理是乡村振兴的基础。红色文化具有大众性、科学性、民族性的特点,传承红色基因,有利于打造乡村治理新格局。一方面,要健全党委统一领导、政府负责、党委农村工作部门统筹协调的工作机制,完善各项规章制度,确保乡村振兴相关工作有序进行;另一方面,加强对农村基层领导干部的红色文化教育,强化基层领导干部为人民服务的意识。

三、红色文化实现了旅游产业与文化产业的融合

红色文化不局限于精神层面,还包括红色遗迹,这为发展以红色文化为主体的旅游业提供了基础。

湖北省武汉市黄陂区姚家山村享有"武汉抗战第一村"的称号,是新四军第五师在武汉抗战时的驻扎地。近年来,随着红色旅游的发展,来姚家山开展红色学习的人越来越多,人们纷纷来此纪念70多年前在姚家山抗战的革命先辈李先念、郑位三等同志。

借此机会,姚家山村大力挖掘红色资源,开展多种形式的红色教育,以红色精神的传承赓续带动乡村全面振兴。2012年之前,姚家山村还是一个十分偏僻、交通不便的贫困村,村民大多外出打工讨生活。后来在黄陂区委、区政府的支持下,经过三年的开发打造,2015年,姚家山风景区和新四军第五师历史陈列馆正式开放,每年的游客量超过20万人次。

如今姚家山村的村民生活越来越好,而且在红色文化的熏陶下,人们的思想道德水平也得到了提高。姚家山村组建了红色宣讲团,号召热心人士和部分村民加入红色宣讲团,专门讲姚家山的红色故事。

通过红色宣讲团平台,宣讲员向游客讲述身边的历史故事,营造浓厚的红色文化氛围,村两委还给每家每户发放《姚家山革命故事文选》,让村民在耳濡目染中受到影响和熏陶。①

由此可见,将红色文化融入到乡村振兴中,使红色文化有了具体的载体,能够更好地促进红色文化的宣传和传承,也促进了旅游产业和文化产业的可持续发展。

---

① 参见《武汉黄陂:挖掘红色资源 讲好红色故事 创意赋能让红色文化活起来》,武汉文明网,2021年12月21日。

关注农村教育,提高农村教育质量

党的十九大提出实施乡村振兴战略,同时指出要优先发展教育事业,促进城乡义务教育一体化发展,尤其要高度重视农村义务教育。

教育是乡村的支柱,中国乡村的振兴离不开乡村教育的发展,乡村教育承载着传播知识、塑造文明乡风的重任,也是消除贫困代际传递、帮助农村脱贫致富的根本之路。

乡村振兴战略提出之后,党和国家将基础设施建设的重点放在了农村,教育政策向农村倾斜。经过几年的努力,农村教育的发展取得了可喜的成绩,教育质量大幅提高。

首先,为了推动城乡义务教育一体化发展机制,2016年,国务院出台了《关于统筹推进县域内城乡义务教育一体化改革发展的若干意见》,有效推动了县域城乡义务教育的一体化发展改革,在全民心中树立了教育公平意识,推动了教育资源公平配置。

其次,改善了义务教育中薄弱学校的基本办学条件,加大了对贫困地区的经费投入和资源投入。除了硬件之外，还通过推进教师管理机制改革，激励教师扎根农村、教书育人，为农村的教育事业发展贡献力量，为农村人才的培养奠定了基础，更有利于农村教育助力乡村振兴战略的实施。

虽然近年来农村教育取得了一定的成绩，但我们必须认识到当前农村教育还存在一些薄弱环节，制约着乡村振兴战略的实施。比如，有些农村依然存在不重视教育、教育条件差、学校布局不合理、乡村教师队伍匮乏等问题，这不仅影响了农村教育的发展，也导致乡村振兴战略实施的后劲不足，因此必须补齐农村教育的短板。

一、配置更多的优质教育资源

缺乏优质教育资源是导致农村教育质量不高的一个重要原因，优质教育资源主要包括两个方面：一是优质的物质资源，二是优质的教师资源。

要不断改善农村学校办学条件，通过"一县一策""一校一案"等措施，认真落实农村中小学的建设标准，并进一步推进农村寄宿制学校建设，贯彻执行改善计划，以及进一步完善义务教育经费保障机制，从而提高乡村义务教育学校标准化配置水平。

近年来，城乡学校之间在校舍、设备等硬件方面的差距正在逐渐缩小，但在师资方面还存在较大差距。解决这一问题，首先要加强乡村教师队伍建设。乡村教师是乡村教育的主体，也是乡村振兴的参与者，乡村教师素质与能力关乎乡村振兴目标的实现。

在加强农村教师队伍建设方面，可以采取的措施有：创新教师补充机制，加大紧缺学科教师的配置；提高农村教师的福利待遇，并在晋升、评职等方面进行政策倾斜；完善"县管校聘"制度，打破城乡校际的界限，实现优质教师资源的共享和均衡配置；建立健全义务教育学校教师定期轮岗交流制度、城镇教师到农村学校支教制度等；建立中小学校长选用交流制度，将一部分优质学校的校长和中层干部充实到农村学校的领导岗位等。

二、用制度来保障教育资源实现优化配置

实现城乡教育均衡发展，应深化制度改革与机制创新，建立、完善教育均衡保障体系，通过制度来确保教育资源的优化配置，从而推动农村教育高质量、高水平地发展。

这要求各级教育行政部门必须依法行政、依法治教，完善相关政策制度，为义务教育的均衡发展提供保障。各级政府应全面落实义务教育筹资政策，加大对义务教育均衡发展的资金投入，并对资金的使用情况进行管理和监督。

三、实现资源充分激活

提高农村教育质量，不能仅强调教育资源的均衡配置，还应着力激活资源，从而实现义务教育的优质、均衡、高效。就农村义务教育发展现状来说，在进行资源均衡配置的同时，还应建立激活存量资源的有效机制，实现办学条件、教师和组织资源在教育中的有机结合，使现有的教育资源配置效益实现最大化。

四、优化农村学校的布局

加强农村寄宿制学校建设，将那些不具备办学规模的农村学校的学生安排到乡镇及以上级别的学校，这既有利于整合教育资源，优化教学配置，又能让农村的学生享受到更好的教育。在有条件的村子，可设置低年级学段的小规模学校，进行小班化教学，尽可能让学生能够就近入学。

第九章

艺术振兴：复兴传统文化的重要力量

艺术是科学创造的源泉

1957年，苏联发射了世界上第一颗人造地球卫星，引起了美国人的恐慌和焦虑，他们认为发射世界上第一颗卫星的应该是美国，为什么会让苏联抢了先？难道是因为美国的科学教育落后吗？

有一种观点认为，美国落后的不是科学教育而是艺术教育。发射卫星与艺术教育有关？这看上去有些风马牛不相及，事实并非如此。1967年，美国著名哲学家戈德曼创立了"零点项目"。他认为美国不重视艺术教育，造成的后果很严重，不只是影响了艺术的发展，还影响了创造性思维，进而影响了科技创新。

作为"零点项目"执行主席的加德纳花了20多年的时间来研究人类的创造能力，并提出了著名的多元智能理论，该理论强调了艺术教育在促进人类创造能力方面的重要性。

仔细观察你会发现，那些非常有创造力的科学家，他们在艺术方面也有一定的造诣，比如爱因斯坦会拉小提琴，图哈切夫斯基元帅精通音乐，"杂交水稻之父"袁隆平擅长拉小提琴,"两弹一星"功勋奖章获得者钱学森的兴趣也十分广泛,对文学、音乐、书法、美术、摄影等都有丰富的实践经验。

一、袁隆平与小提琴的故事

1953 年,袁隆平从西南农业院毕业,被分配到湖南怀化的安江农校任教。从繁华的都市来到偏远落后的农村,袁隆平依靠一把小提琴熬过了艰苦的岁月。

袁隆平曾说:"除了科研,最爱的是音乐。"因为小提琴能够演绎出"最能触及灵魂深处的声音"。他喜欢音乐,珍藏了不少音乐碟片,都是一些大师的作品。

在工作之余,袁隆平会通过音乐来感受艺术的魅力,接受艺术的熏陶。袁隆平的一生有很多爱好,小提琴却是他的最爱,陪伴他的一生。在金灿灿的稻田里,袁隆平将艺术与农业巧妙地融合在了一起。

二、钱学森的艺术天赋

钱学森是世界著名的科学家,在航天科技领域取得的成就享誉世界,但很少有人知道他的艺术天赋也很高。

1911 年,钱学森出生在一个进步的知识分子家庭,是家中唯一的孩子,他的父母非常重视对他的教育,为他营造了一个和谐民主且充满文化氛围的家。

钱学森 3 岁的时候就被送去了幼儿园,后来又在北平师大附小和师大附中读了小学和中学,受到了包括文学艺术在内的全面教育。上了大学后,钱学森在课余时间研究音乐,还成了学校乐队活跃的中音号手。

1935 年,钱学森赴美求学,毕业后留在加州理工学院任教。休息的时候,他常常去听洛杉矶交响乐团的音乐会。后来他与著名的歌唱家、声乐教育家

蒋英结婚,两人的结合被誉为"科学与音乐的美妙二重唱"。

虽然钱学森取得了令世界瞩目的成就,但他并不觉得有多伟大,他觉得最伟大的事情是完善自己多年思考的"现代科学技术体系"。他提到的"现代科学技术体系"是一个全面的系统,共包括11个部类,分别是自然科学、社会科学、数学科学、系统科学、思维科学、人体科学、军事科学、文艺理论、行为科学、地理科学、建筑科学。他认为文艺理论是研究艺术创作的规律,而这些规律是系统性的,可以开展科学研究,因此文艺理论是属于科学研究范畴的。

钱学森曾多次强调艺术和科学是相通的,是相互作用的,他现身说法来揭示两者的关系是多么的密切:"正因为我受到这些艺术方面的熏陶,所以我才能够避免死心眼,避免机械唯物论,想问题能够更宽一点、活一点。"钱学森曾在一次采访中说了这样一句话:"我们不仅要有科学技术,还要有文化艺术。"

知识往往不具备创造性,而文化艺术素质具备创造性,因此说艺术是科学创造的源泉。

用艺术"唤醒"乡村魅力

党的十九大报告提出乡村振兴战略,即产业兴旺、生态宜居、乡风文明、治理有效、生活富裕。显然,这对乡村文化发展提出了更高的要求。

在乡村,礼仪、邻里、习俗、家风、建筑等是文化传承的重要载体,乡村并非只是地理意义上的村庄,更是情感意义上的家乡,乡村振兴离不开乡村文化的支撑,而艺术是提炼和表达乡村文化的重要方式。因此,人们不能忽视文化资源,而要通过文化艺术唤醒乡村魅力。

一、艺术是实现乡村美的一种重要方式

数千年来,乡村社会生活丰富多彩,有着深厚的文化积淀,历史十分悠久。对于从乡村走入城市的人来说,乡村是美好的家园;对于出生生长在城市的人来说,乡村是世外桃源,是休闲养生的好地方。

尽管城镇化是社会发展的主要趋势,但在审美感与艺术消费领域,乡村的吸引力越来越大。重新打造乡村形象,发展乡村经济,艺术将在农村大有作为,它可以让人们记住乡村的美,唤醒人们心底割不断的乡愁。

那么，如何通过艺术让我们的乡村越来越美呢？在艺术的设计过程中要遵循均衡、统一、韵律等美学原则，在这一原则下，乡村的解说牌、厕所、石碑等都可以实现美化。比如一块石碑立在地上有些突兀，也有些单调，很不和谐，若是在石碑旁边种上一些花草树木，就会显得协调而美观。

通过艺术唤醒乡村美的同时，还要结合地域特色，将中华文明通过艺术的形式呈现出来。比如有的村庄根据自身特色，重点打造一批摄影、美术、诗词、书法等特色村。此外，我们还可以就地取材，比如把石头堆成"彩石画卷"，将老旧的围墙变身多形栅栏，把孤零零的电线杆用竹子装饰起来，营造一种魅力十足的田园风。

二、对村落环境进行艺术改造

近年来，不少建筑师、设计师、艺术家进入乡村，对村落环境进行艺术化改造，让乡村越来越充满艺术气息。以乡土建筑为例，乡土建筑是最能体现当地历史传统和特色的文化名片。一方面通过修复老屋古宅、牌楼街巷、戏楼祠堂等建筑，让村落恢复往昔的风貌。另一方面，在修复的过程中引入新元素，营造出一种全新的艺术村落氛围。比如，有的村落经过规划，不仅修复了老宅祖屋，还将废弃的老街旧宅改造成艺术广场、餐馆、酒吧等。

三、艺术有利于提高公共文化服务能力

公共文化服务发展滞后是造成乡村文化落后的一个重要原因，也使农民的文化生活枯燥。艺术介入乡村发展后，为村民带来了全新的文化体验。

福建屏南县甘棠乡漈下村是一个有700多年历史的古村。2014年，来自上海的艺术家林正碌在漈下村创办了"人人都是艺术家"公益项目，为村民免费提供油画教学。村民从最初的不买账，到后来看到有人通过画画赚了钱，

便纷纷开始创作。经过培训后,人们的画作越来越像样,还获得了可观的收入,同时也让人们对乡村有了一种特别的情感。①

四、用艺术提升乡村价值

用艺术点亮乡村,用价值激活乡村。艺术是提升产品文化价值的一个重要手段,促进了乡村文旅产业的发展和传统产业的升级,为乡村寻找到了一条前途光明的发展之路。

重庆市璧山区七塘镇莲花穴村曾经是一个破烂不堪的小村子,是个典型的空穴村落,留守的大多是老人和孩子,整个村落只有20多个人,分散居住在不同的土坯房里。村中大部分房子长久没人居住,非常破败。

2019年,由璧山区七塘镇政府、重庆市雕塑学会、四川美术学院等机构共同打造的莲花穴院落艺术活化项目正式启动。改造后,村里的路宽敞、平坦了,房子变漂亮了,现在的连花穴村已经成为一个热门的旅游打卡地,在这里可以欣赏到璧山草龙舞,可以品尝到新鲜的绿色蔬菜、水果。乡村旧貌换新颜,带动了乡村经济的发展,村民的收入越来越高,生活越来越好。②

文化艺术是乡村振兴之魂,在进行乡村振兴项目的规划和实施时,要以旅游资源、人文资源、农耕文化等的精华为重点,利用乡村人文景观、地域特色旅游、生态农业、民风民俗等建设复合型艺术乡村,让传统乡村重新焕发生机与活力。

---

① 参见《屏南甘棠乡漈下村:乡村文创 让古村落焕发新活力》,东南网,2017年5月5日。
② 参见《重庆市璧山区七塘镇莲花穴——院落蝶变 乡村焕新彩(艺术赋能美好生活)》,《人民日报(海外版)》2022年11月19日。

艺术赋能，引领乡村振兴

习近平总书记多次强调，农业强不强，农民富不富，农村美不美，关乎亿万农民的幸福，决定着我国社会主义现代化的质量。文化振兴是乡村振兴的根本，文化振兴对乡村产业振兴、生态振兴、人才振兴等起着推动与引领的作用。

艺术是文化的重要组成部分，让艺术赋能，引领乡村振兴，就要通过"+艺术"或者"艺术+"等形式去挖掘或者利用乡土文化资源，实现乡土文化的自我服务、自我发展和自我创造，在丰富村民文化生活、改善人居环境、完善乡村治理等方面创造积极意义。

一、通过挖掘乡村艺术资源，丰富艺术载体

艺术如何赋能实现乡村文化振兴呢？是指在村中搞一个艺术节活动，或者保护改造村中的几栋古建筑，抑或在村中来一场文艺汇演吗？

艺术赋能引领乡村振兴，不能千篇一律。每个乡村都有自己独特的文化资源，要挖掘出本村鲜明的文化特点，包括物质与非物质的文化融合，以及

传统与现代、人工与自然等方面的融合，激活乡村文化。

此外，还可以通过利用现代信息技术以及创新手段，丰富农村的艺术载体，将乡村的传统文化与乡风文明建设结合起来，打造丰富多彩又健康的乡村艺术活动，让乡村的传统文化更具体验性和观赏性。

二、推动艺术与旅游的结合，促进乡村旅游业的发展

由于每个乡村文化的资源都是不同的，因此我们可以打造具有乡村地域特色的文化创意产品，为旅客提供个性化的文化服务。结合每个村子的具体情况，对乡村的历史文化资源、生态文化资源以及民俗文化资源进行艺术化改造，形成"一村一品"的艺术特色。通过文旅融合创新，培育新的艺术文化业态，然后利用新媒体传播平台拓宽营销渠道，将乡村变成旅游景点、网红打卡地，促进乡村文化旅游产业的蓬勃发展。

值得一提的是，现在有些地方采用政校合作的方式推动乡村振兴项目的发展。学校发挥自身的学科优势，服务"乡村振兴"国家战略，支持我国乡村建设。比如，从 2008 年开始，上海视觉艺术学院与浙江省安吉县报福镇人民政府签订合作协议，该学院的环境设计教学团队把报福镇乡村建设作为研究课题，纳入教学计划。经过数年对人文、地理、产业的实践开拓，将报福镇打造成以竹为主题的文化旅游业。团队通过与镇政府的合作，打造了"开竹节"等品牌文旅节庆，以及竹手工艺系列文创产品，让报福镇的乡村旅游日益红火。①

三、加强乡村艺术人才培养

艺术赋能引领乡村文化振兴，不能只把精力放在组织文化演出、创建乡

---

① 参见《服务国家战略　艺术赋能乡村振兴｜上海视觉艺术学院产教融合平台建设成果斐然》，搜狐网，2021 年 11 月 24 日。

村博物馆等物质文化建设上，还应加强乡村艺术人才的培养，吸引更多优秀人才参与到乡村振兴的事业中来，为乡村文化艺术事业的发展添砖加瓦，贡献力量。

乡村通过开展各项文艺活动，也会对农民产生深远的影响，比如，提高对当地历史文化、人文地理等方面的认知，提高农民对地方文化的认同感。最为重要的是，通过对乡村艺术人才的培训，可以使民间的一些传统艺术得到传承，不会被淹没在历史的长河中。

在对艺术人才培养方面，我们可以借鉴上海视觉艺术学院的"双师制"教学经验，即将当地的民间艺术家、文化工作专家、乡建领域专家引入课堂，开展形式多样的教研活动，并聘请艺术家、学校的专职教师加入乡村建设服务结构，形成"请进来走出去"的双师制梯队，促进地域文化创新人才培养的可持续发展。

四、构建艺术赋能乡村文化振兴的长效机制

艺术赋能乡村振兴，不仅是点燃乡村活力的源泉，也是完善乡村治理的重要途径之一。各级政府要完善经费、人才与乡村艺术教育的相关机制，要将社会主义核心价值观融入到乡村文明建设、文艺作品创作的过程中，从而提升乡村文明水平。

此外，我们还应注重乡村文化艺术品牌的创建，努力将艺术个体打造成人民群众的精神家园，满足农村对美好生活的向往与期待。

艺术参与农村建设的模式

近年来,艺术介入乡村建设开展得热火朝天,在很大程度上改变了乡村的面貌,这不仅符合美丽乡村建设的要求,也充分发挥了艺术的价值。

根据艺术作品或者艺术家与乡村或者村民之间的关系紧密程度,艺术乡村建设主要有两种模式:暂居型和居留型。

一、暂居型

"暂居型"以在乡村开办艺术展为典型代表,这是艺术乡村化最简单直接的方式。

那么,如何在乡村开办艺术展呢?可以通过邀请一批艺术家来到乡村,在特定的地点、时间,以特定的主题来进行设计作品展,这不仅能让艺术家借助平台扩大影响力,也能引起人们对生态、环保等话题的关注,让人们重视乡村建设。

日本"越后妻有大地艺术三年展"是"暂居型"乡村建设模式的典型代表。越后妻有位于日本的新潟县,这是一个几乎被人们遗忘的地方,近几年因为举办多次大地艺术节而闻名世界,艺术家们在这里找到了创作灵感,创作出了一件件精美的艺术作品。

越后妻有地区的传统产业和地方产业十分丰富,在保留原始景观的基础上,造就了与众不同的地域文化。后来随着日本经济和产业的转型,以及农业政策的失调,导致越后妻有地区的经济不景气,老龄化、人口外移、农田荒废等问题日益突出,让整个村庄变得破败不堪,濒临消失。

后来,著名艺术策展人北川弗兰与当地政府合作,策划越后妻有地区艺术计划,每三年举办一次"越后妻有大地艺术三年展"。三年展不仅为乡村带来了宝贵的艺术财富,改善了乡村环境与风貌,还提高了乡村的文化力,带来了经济效益,让一座古老而偏僻的山村重新焕发了勃勃生机。[1]

在我国也有类似案例,比如"村民影像计划",即把摄影机交给农民并教他们如何进行拍摄,让他们来记录乡村生活。

这种"暂居型"模式的乡村建设也存在一定的不足。该模式给农村带来的只是一时的繁华,虽然它对提高乡村风貌、宣传乡村有一定的积极作用,但无法改变乡村原有的发展机制,对乡村的改变较小。

二、居留型

"居留型"模式是指在乡村开办相对永久性的画廊、艺术馆等,让艺术扎根农村,持续吸引游客前来参观和游玩,持续对乡村建设产生影响力。

比如安徽碧山村的"碧山计划"。碧山村位于安徽的黟县,是著名的徽州古村落之一,至今保留着传统的乡村风貌,村子里有不少保存完好的明清时期的古代民居和祠堂。

---

[1] 参见《2022越后妻有大地艺术祭:横跨三季,重连人与自然》,澎湃新闻,2022年5月6日。

2011年，艺术家左靖和欧宁在碧山村发起了"碧山计划"，把艺术带进了乡村，通过挖掘该地区的乡村文化，并融入现代艺术元素，邀请了艺术家、设计师、建筑师、作家等在内的诸多艺术文化领域的专家，长期居住在乡村，保护乡土遗产，创建了一个"理想乡村"，防止乡村被城市化。

在"碧山计划"之前，碧山村是我国典型的古村落，虽然保有古朴的村落风貌，但基础设施落后，村中的青壮年大多外出打工，老龄化严重，是一个不折不扣的空心村。

"碧山计划"的推出是希望拓展出集土地开发、特色旅游、体验经济、环境和历史保护、文化艺术产业、建筑教学与实验等多功能于一体的乡村建设模式。该计划包括改造历史建筑，创办酒吧、书店等商业空间，挖掘本土传统手工艺，开发富有特色的文创产品等，举办文化节、艺术活动，如"碧山丰年祭"文化节，还会邀请建筑师、艺术家、音乐人、导演、乡建专家等参加，扩大了乡村的影响力。①

"居留型"模式比"暂居型"模式更好，使乡村的功能得到补充，废弃的民宅得到应用，提高了居民的经济收入，但对农业和农民方面依然无太大的触动。

---

① 参见《"碧山计划"引论战，"乡建派"梁鸿李昌平怎么看？》，澎湃新闻，2014年7月8日。

加强农村的艺术氛围打造

随着空气污染、生活压力、交通拥挤等城市问题越来越突出，人们越来越向往乡村生活，期望在乡村寻找到一片净土。与城市相比，乡村虽然有很多天然的优势，比如环境优美、空气好、农村人质朴善良等，但是农村缺乏艺术氛围，没有艺术氛围的农村，会让人们的精神生活匮乏。

因此，在乡村规划中，要通过种植、生产、生活，将风俗文化、音乐、电影等民间艺术形式和传统手工艺等技艺传承下来，营造乡村的艺术氛围，让乡村不仅成为人们的宜居家园，更成为人们的精神家园。我们来看看下面这些案例，看看他们是如何打造农村的艺术氛围的。

一、山西许村

山西省和顺县许村是一个有1000多人的村庄，原来村民只靠农业种植维持生计，青壮年纷纷外出打工，村庄变得贫穷、破败、落后。

2007年，在和顺县当地政府的支持下，艺术家渠岩在许村开展了艺术乡建活动。首先，他说服村民停止对当地古老建筑的破坏，并制定出保护明清老街和古建筑的修复方案和措施。其次创办许村国际艺术公社,围绕艺术家广场建造艺术公社办公和接待中心、艺术家公寓、艺术家创作中心、艺术图书馆,以及资料室、艺术公社食堂、新媒体与会议中心、乡村酒吧等艺术场所。

2011年,"中国·和顺首届乡村国际艺术节"在许村举行,来自美国、法国、加拿大、德国、澳大利亚、丹麦、捷克、波兰以及国内的艺术家纷纷驻村进行创作。之后,每两年举办一次"中国·和顺乡村国际艺术节",将传统的建筑完美地改造成了当代艺术空间。如今这个曾经贫穷落后的古村被艺术成功激活了,被誉为中国"乡村版的798"。①

二、贵州雨补鲁村

雨补鲁村位于贵州省黔西南州兴义市的清水河镇,这个村子与其他村寨最大的不同是它建在一个天坑里面,进出村子只有一条道路,所以大量百年建筑在这个村子里被完整地保存了下来。在这里,我们可以看到上百年的古建筑、石对联、石牌匾,它拥有优美的自然环境和浓厚的历史文化氛围。

2016年,贵州雨补鲁村迎来了发展的契机,中央美术学院雕塑系的师生们应邀参加了"美丽乡村"示范点改造计划。该计划既有利于培养学生们的社会实践能力,也有利于改善雨补鲁村的村貌。师生们的实践创作活动包括景观艺术装置创作、文化活动举办等,使得乡村空间得到了保护和修复,极大地改善了人居条件。

2017年,《爸爸去哪儿(第五季)》节目组在雨补鲁村开拍播出后,该村受到了社会各界的关注,吸引了很多游客、创作者来此打卡,带动了乡村的复

---

① 参见陈彩:《山西许村,在艺术激活下浴火重生变身"国际范"》,豆瓣网,2016年5月19日。

兴和当地经济的发展。2019年，雨补鲁村被列入第五批中国传统村落名录。[①]

三、石节子乡建

石节子村位于甘肃省秦安县，这是一个非常小的村子，只有十几户人家，50多口人。由于地势的原因，村民不能居住在同一个空间，住在最高处的人家和住在最低处的人家相差100多米。虽然这个村子里有温泉，但"贫穷落后"依然是这个小村子的代名词。

一切的改变源于村子里走出的第一个大学生靳勒。1986年，靳勒考上西安美术学院雕塑系。2005年，靳勒在石节子村创作了《贴金——李子树》。2007年，他带领石节子村村民赴德参加卡塞尔文献展。2008年，他邀请艺术家赵半狄举办"小山村春节联欢晚会"，同年当选村委会主任，自此，石节子村的艺术乡建拉开了序幕。

石节子村成立了国内第一个乡村美术馆——石节子美术馆。这个美术馆的独特之处在于整个村庄就是一座美术馆，每家都是一个展览厅，由村庄的山水、田园、植被、院落、树木、家禽、农具等构成，人们看到的和感受到的都是艺术的一部分，石节子村因艺术的介入名声大噪。

2019年，"谁的梦——石节子十年文献展"在白盒子艺术馆开幕。此次展览通过2008—2018年数百场活动的文献资料及大量图片，再现了石节子村的村貌和石节子美术馆的艺术实践，让一个原本被遗忘了的村庄，重新回到了公众的视野。

[①] 参见《贵州兴义的天坑地漏古寨——雨补鲁村》，搜狐网，2022年6月22日。

乡村传统手工艺的传承与发展

手工艺是指以手工劳动进行制作的具有独特艺术风格的工艺美术。传统手工艺是中华艺术的重要组成部分,形式多种多样,包括烧造、染织、铸锻、木作、雕塑等门类,是中华民族数千年文明发展的见证。传统的手工艺具有一定的使用价值和艺术价值,对乡村传统文化的传承和农民经济收入提高都有重要作用。

一、乡村传统手工艺的传承与发展对乡村振兴的意义

党的十九大提出了乡村振兴战略,而传统手工艺作为乡村经济发展的重要组成部分,对于振兴乡村经济、乡村文化和乡村建设具有积极的作用。

1. 传统手工艺有利于乡村产业振兴

乡村振兴,产业兴旺是重点。传统手工艺属于第一产业和第三产业,它有利于振兴乡村工业和发展乡村旅游业,促进乡村产业结构合理分配,带动乡村经济发展,提高农民收入。

比如,我国传统的出口商品洋篮有 100 多年的历史,主要产地是广东省

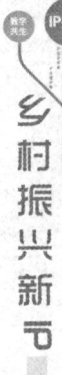

肇庆市高要区新桥镇，在当地，无论男女老少都擅长竹器编织。因洋篮具有较强艺术观赏价值和使用价值，深受东南亚华侨的欢迎，是当地重要的文化出口产品。

2. 传统手工艺有利于美丽乡村建设

美丽乡村建设的内容包括宜居、宜游的生态环境和乡土文化，它是一个系统的工程。传统手工艺历史悠久，富有地域文化特色，是文化的重要载体，将传统手工艺文化和乡村建设相结合，能够促进美丽乡村的建设，弘扬乡村传统文化，促进乡村文化的发展。

3. 传统手工艺能够促进乡村文化的传承

随着经济的发展和现代化进程的加快，我国社会生活和文化生态都发生了很大的变化，导致一些手工技艺面临失传。当前很多手工艺大师的年龄都在60岁以上，40—50岁的高级工艺师寥寥无几，年轻人更是对传统手工艺不感兴趣。比如西湖绸伞、黄岩翻簧、东阳木雕等都面临着失传。

从民族工艺品的发展前景来看，当下复古、民族风正在悄然兴起，因此我们有必要对民间工艺品加强保护和传承。乡村传统手工艺品作为实物，一方面可以满足日常生活的需要，另一方面也承载着丰富的文化内涵，是乡村文化的根基，能够让人们记住乡村的美好，引发乡愁。当然，这也会吸引更多的年轻人学习传统手工艺，为乡土文化的传承创造有利条件，从而振兴乡村文化，提高乡村品位。

二、乡村传统手工艺传承与发展的措施

当前，不少乡村传统手工艺面临着失传，那么，我们该采取哪些措施保护和传承乡村传统手工艺呢？

首先，加强对传统手工艺的文化宣传。政府要利用媒体的力量，加强对手工艺产品的宣传，包括向大众介绍历史文化、产品的功能等，让传统文化产品能够深入人心，当地人能因某种特殊的手工艺品感到自豪和骄傲。

其次，打造手工艺品特色村。以新农村建设为抓手，按照"一村一品"的模式来打造文化特色村。打造出竞争力强劲的旅游文化品牌。

最后，将传统手工艺与乡村环境相结合。比如在推进美丽乡村建设过程中，用传统手工艺品装扮乡村的道路、建筑，达到美化环境的目的，同时也有利于品牌的宣传，促进传统文化的传承。

1. 加强对传统手工艺的教育传承

面对传统手工艺产品研发人才短缺的现状，政府和教育部门应加强传统手工艺教育的传统。首先，政府可建立一些传统手工艺场馆和传习所，让大众了解传统手工艺品的历史、文化等，加强对传统手工品的宣传教育。

另外，可以在中小学建立一些传统手工艺特色课程，聘请一些工艺者到学校来授课，把传统手工艺带进课堂，激发中小学生对传统文化和传统手工艺品的兴趣。

2. 加强对传统工艺人才的培养

为了促进传统手工艺的发展，使传统文化得以传承下去，必须加强人才的培养。首先，应加强对青少年的教育培养，比如在中小学开展民间传统手工艺大赛。其次，在地方高校开展手工艺术的专业课程，培养创新人才，创新手工产品，提高产品附加值，让传统手工艺品更具魅力。

开展农村艺术文化活动

当下,各城市都会开展丰富多彩的艺术文化活动,也组建了不少文艺队伍。随着乡村振兴战略的实施,农民的文化素质和精神文化都需要提到提高。

过去,一些农村还会组织民间花会、小戏儿等,经济条件好一些的农村还会邀请戏班子来村里唱戏,非常热闹,但近年来有些有文艺天赋的农民没有了施展的空间,村里变得十分冷清,缺乏生机和活力。

开展农村艺术文化活动,不仅能活跃农村氛围,丰富农民文化生活,还有利于挖掘民间文艺瑰宝,推动乡村振兴。比如,浙江省杭州市萧山区进化镇的吉山村在每年的二三月份都会举办以"大美进化·吉山探梅"为主题的赏梅活动。该活动免费对外开放,持续时间20多天,每年接待游客10万余人次。

再比如,浙江省杭州市余杭区仁和街道普宁牡丹花会已经举办近二十届了。牡丹花会不仅有利于宣传普宁牡丹文化,还有利于增强村民之间的凝聚力,带动乡村经济的发展,提高普宁村的知名度。

那么，新时期该如何开展农村艺术文化活动呢？我们可以从以下措施入手，进行尝试，找到适合本地开展农村艺术文化活动的方法和策略。

一、加大文化基础设施建设

当前我国农村文化发展缓慢，多数农村文化服务站发挥作用不大，因此必须加强文化基础设施的建设。各地县乡政府应提高群众文化活动经费，提升基层文化工作部门的公共文化活动服务能力。

如果县乡政府的财政有限，无法投入太多的经费，可以采取与社会企业、社会组织合作的方式来募集资金，增加资金的获取渠道，动员社会力量参与到农村公共文化设施的建设中来。

另外，政府也可以通过引入市场机制，鼓励企业生产经营公共文化产品，这既能弥补政府在公共文化基础设施建设上的不足，又能吸引更多的社会资金投入到公共文化服务领域的建设和服务上来。

二、开展丰富多彩的文化活动，激发人民群众的参与热情

人民群众是乡村文化的主体，也是群众文化活动的创造者，只有人民群众积极参与到文化活动的创作中去，才能推动社会主义文化的发展。

而群众文化活动的形式将会直接影响群众的文化参与热情。因此，文化馆、艺术馆等一些文化事业单位应该做好群众文化的"领头羊"工作，结合地方群众的特点、地方文化传统以及文艺爱好，对现有的文化资源进行挖掘和整合，组织开展丰富多彩的文艺活动，激发群众的参与热情。

三、提高文化档次，满足人民群众的精神文化需求

随着经济的发展，人民群众越来越富裕了，生活水平提高了，同时对精神文化生活的需求也提高了。当前不少地方加大了对文化设施的建设，比如

筹资建设群众文化广场，但同时由于缺少持续性的引导，使得乡村文化活动的水平与档次并不高。

在人民群众文化热情日益高涨的情况下，地方文化部门一方面要坚持群众文化公益性，另一方面要关注群众文化的艺术性和思想性，将专家指导和群众参与相结合，创造出高质量的精品文化工程，并组织文艺骨干深入农村，了解农村，创造出接地气的文化产品。

此外，还应开展一些文化活动，推出文化精品，提高群众文化的品位和档次，让人民群众共享先进的文化成果。

四、加强文化队伍建设，提高文化服务质量

相关部门要加强文化队伍建设，培养一批基层文化活动的精英，增强文化队伍的创造力、凝聚力。值得一提的是，在基层文化单位，一定要施行人才公平竞争机制和竞争上岗制度，提高文化宣传干部的工作能力。

文化队伍要求对农村文化人才深入了解，并根据农村文化的发展情况，加大对农村文化人才的培养，培养业余团队和群众文化人才，将农村的业余文化队伍建设起来，开展书法、音乐、美术、摄影、广场舞等培训和比赛，培养出一批农民文艺骨干。这些农民文艺骨干更了解农村，更了解农民，他们创造出来的作品更接地气，更符合广大人民群众的"口味"，会更受人民群众的喜爱。

第十章

公益振兴：凝聚人心，汇聚力量

推进农村公益事业建设，助力乡村振兴

村级公益事业是指我国农村的村内小型水利、村内道路、环卫设施、植树造林等村民直接受益的公益事业。近年来，国家对农村农艺事业建设高度重视，不断加大对农村公益事业的投入，使农村公益事业得到持续改善，人民群众享受到了很多实惠。

一、农村公益事业建设过程中存在的问题

虽然农村公益事业建设取得了可喜的成绩，但在此过程中还存在一些问题，影响了农村公益事业的正常发展，具体来说包括以下问题：

一是农村公益事业建设未能落到实处，没有考虑当地农村的实际情况，没有进行整体规划，而是将公益事业当成了一种时尚，着急赶时髦，从而导致劳民伤财的现象频出。

二是部分村干部对农村公益事业建设没有给予足够的重视，不能很好地行使公益事业建设管理和监督职责，从而导致农村公益事业无法持续发挥应有的作用。

三是有的地方虽然对农村公益事业建设很上心,却没有对农村公益事业建设进行很好的管理,农村公益事业建设经上级验收后,就没有了下文,导致农村公益事业成为应付差事的摆设。

四是公益事业筹资是严格按照"一事一议"的制度进行项目预算,但实际上筹资难以收取,比如一些农户常年在外,无法进行收取;一些农户认为自己受益不大,不愿意出资等。

二、提高农村公益事业建设和管理水平

各级政府要关注和重视农村公益事业的发展和建设,不断提高建设和管理水平,要把新农村建设做出实质的成效来。

1. 制定农村公益事业发展规划

制定农村公益事业发展规划要满足三个要求:一是符合当地实际情况,二是具有一定的发展前景,三是符合农民的要求。

在制定农村公益事业发展规划时,一定要坚持走群众路线,把群众的需求放在首位,作为公益事业建设的第一要素。不能不调研、不深入群众,就着急去实施,一定要确保公益事业项目能够让广大农民受益。

2. 加强对农村公益事业项目的监督和管理

各级政府不仅要重视农村公益项目的建设,还要加强对农村公益事业项目的监督和管理,从而让公益事业项目能够持续发挥作用。

比如,为建成的乡村公路聘请养护工,平时加强对乡村公路的维护,定期对乡村公路进行清扫;为农家书屋招聘管理员,定期增加图书品种;定期修缮和改造村镇广场,为市民提供休闲娱乐的活动场所。

通过以上措施,真正改变公益事业项目重建设轻管理的现象。

三、健全农村公益事业建设的制度措施

要确保农村公益事业能够健康运行,必须建立健全农村公益事业建设的制度措施,如建立健全公益事业发展和建设的牵头、协调及监督体系,明确建设部门对建设项目的公示和纪检部门对建设项目的全过程监督职责等。总之,要从多方面确保农村公益事业建设健康有序地发展。

四、农村公益事业建设的筹资措施

筹资难是影响农村公益事业建设的一个重要因素,针对这一问题,我们可以采取以下措施:

1. 发展壮大农村经济

农村的经济提高上去了,何愁没有资金投入在公益事业建设上呢?所以说让农村先富起来是非常关键的。

一是加强对村级财务和集体资产的监管,防止一些村干部对集体财物进行挥霍和侵占。

二是利用好现在村庄的山水田林等资源,发展种养业,利用人力、特色农产品、矿藏等资源条件,引进外部资本,促进农产品加工、采矿等产业的发展。

三是鼓励有能力的村干部敢为人先,兴办农民专业合作社、专业协会等经济组织,来改善农业服务,并通过服务获得资金积累。

2. 规范"一事一议"的筹资筹劳制度

"一事一议"筹资筹劳制度是指在农村税费改革这项系统工程中,取消了乡统筹和改革村提留后,原由乡统筹和村提留中开支的农田水利基本建设、道路修建、植树造林、农业综合开发有关的土地治理项目和村民认为需要兴办的集体生产生活等其他公益事业项目所需资金,不再固定向农民收取,采取"一事一议"的筹集办法。

各级政府在强化财政支持的同时,要完善相关政策,引导农民进行农村公益事业建设,改善生产生活条件。村干部要加强"一事一议"筹资筹劳制度的宣传,调动农民群众发展公益事业的积极性和主动性,并遵循公开、自愿、协商、透明的原则,严格按照"一事一议"筹资筹劳制度办事。

开展公益活动，重视社会责任及担当培养

公益活动是从长远着手，出人、出物或出钱赞助和支持某项社会公益事业的公共关系实务活动。在乡村开展公益活动，有助于农村巩固脱贫成果，推动乡村产业振兴，发展壮大村集体经济，建设宜居宜业的新乡村。公益活动的内容十分广泛，包括慈善、社区服务、公共福利、社会援助等。

一、慈善

慈善公益的主体可以是个人，也可以是企业。与个人慈善公益相比，企业做慈善公益更具优势，比如，企业有足够的经济实力；企业占据资源优势，能够有效地进行资源整合；企业做慈善，不仅能提高企业的知名度，也体现了一个企业的社会责任感。

比如，由京东集团、欧莱雅集团和中国残疾人福利基金联合发起的"包容美力计划"，该项目旨在打造"造血式"扶贫助残机制，三方各自发挥自己在电商、美妆、公益领域的优势，帮助残障人士找到合适的工作。

京东为残障人士提供电商客服类直接岗位，并对其进行相关的职业培训和认证；欧莱雅会为残障人士发布手语版美妆教学视频，鼓励他们积极参与社会生活，让他们重拾自信，勇敢去追求美。

此外，该项目会在残障人士入职前进行心理引导，让他们在心理上做好充分的准备，迎接挑战，尽快顺利地胜任岗位，融入社会。①

二、社区服务

社区服务是指集中政府、社区居委会以及数字社区等其他各方面力量，直接为社区成员提供的公共服务和其他物质、文化、生活等方面的服务。

比如，北京怀柔区实施"足不出村"办政务改革，通过区、镇、村三级联动，变"帮办"为"代办"，全天候应需应急办理村民事务。②

天津市北辰区双街镇加大基础设施投入，培育文化资源，打造文化活动阵地，引导村民积极参与，探索出一套常态化服务体系，将乡村文化价值发挥得淋漓尽致。③

三、公共福利

公共福利是国家和社会为满足全体社会成员的物质及精神生活基本需要而兴办的公益性设施和提供的相关服务，是社会福利的重要项目，包括教育福利、文化康乐福利、卫生福利及住房福利等。

比如，广西壮族自治区推广的一种新型的农村社会福利新模式——五保村，该模式有三大特点：一是实行集中供养，方便村干部的照顾和管理，老人也不用离开故土；二是五保村的建设采取政府拨款、村集体出地、群众献

---

① 参见《京东联合欧莱雅发布"包容美力计划" 助力残障群体就业》，海峡网，2017年9月20日。
② 参见《由"农民跑腿"到"代办替跑"——北京市怀柔区实施"足不出村"办政务专项改革纪实》，《农民日报》2019年3月27日。
③ 参见《农村公共服务经典案例点评》，国家发展和改革委员会社会司，2021年1月19日。

工献料的方式,体现了社会福利社会化的特点;三是孤寡老人的生活由村委会提供保障,并实行村民互助,有利于弘扬尊老爱幼的传统美德。①

四、社会援助

社会援助的内容十分广泛,包括财政援助、法律援助、教育援助、医疗援助、生活援助等。

山东德州市司法局为农村留守老人儿童提供法律援助,维护他们的合法权益。开辟农村留守老人儿童法律援助"绿色通道",实行"四优"(优先受理、优先审批、优先指派、优质服务)原则;将律师、法律工作者的姓名、擅长领域、联系电话等信息对外公开,留守老人儿童可根据意愿,自主选择法定代理人,未成年人还可以享受到点对点法律援助服务。

司法局加强了与团市委、老龄委、市妇联、残联等单位的协调,及时解答农村留守老人儿童的相关法律咨询。与公安、综治办、工商等单位联合整治校园周边环境,消除安全隐患,确保广大师生的安全。

在一些特殊的节日,如老年节、儿童节、妇女节等,开展相关的法律活动,引导人们增加法律意识,学会运用法律武器维护自己的合法权益。

除了以上四种公益活动外,还有专业服务。专业服务有生产者专业服务和消费者专业服务之分,包括法律服务、税收服务、咨询服务、会计、审计服务等。②

---

① 参见《广西壮族自治区实施〈农村五保供养工作条例〉办法》(广西壮族自治区人民政府令第62号),广西壮族自治区人民政府办公厅,2011年2月22日。
② 参见《德州:法律援助为农村留守老人儿童维护权益》,澎湃网,2020年9月30日。

用好乡村公益性岗位

公益性岗位是指各级人民政府及有关部门开发并经人力社保部门认定，用于过渡性安置就业困难人员的岗位，主要包括满足公共利益和就业困难人员需要的非营利性基层公共服务类、公共管理类岗位，不包括机关事业单位管理类、专业技术类岗位。

2020年5月，人力资源社会保障部、财政部、自然资源部、交通运输部、水利部、国家林业和草原局、国务院扶贫办印发了《关于进一步用好公益性岗位发挥就业保障作用的通知》。用好乡村公益性岗位，首先要了解和解读该通知中与乡村公益性岗位有关的内容。

一、就业困难人员如何认定

根据本地经济社会发展和就业形势的变化，动态调整就业困难人员的认定标准，及时将受疫情影响失业人员、残疾人员、建档立卡贫困劳动力等各类就业困难人员纳入援助对象范围。推动就业困难人员认定与失业登记协同办理，便捷受理申请，同步开展认定，主动提供援助服务，做到应认尽认、

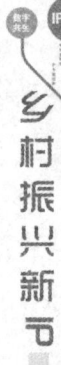

应帮尽帮。

二、多渠道开展就业援助

根据就业援助对象特点和需求，设计服务路径和援助举措，实施分类帮扶。有针对性地开展职业技能培训，积极推荐企业吸纳，帮助灵活就业，扶持自主创业，落实好税费减免、社会保险补贴、职业培训补贴等政策。对仍然难以通过市场渠道实现就业的，通过公益性岗位予以安置。

三、聚焦城乡公共服务短板，把握开发领域

围绕疫情防控等重大突发事件，开发防疫消杀、医护辅助、物资配送、道路管制、卡点值守等应急管理服务岗位。

根据城乡基层公共服务需求，开发保洁、保绿、公共设施维护、便民服务、妇幼保健、托老托幼助残、乡村快递收发等便民服务类岗位。

弥补"三农"领域基础设施建设、人居环境整治和生态治理不足，开发农村公路建设与管护、村庄公共基础设施建设与管护、水利工程及水利设施建设与管护、河湖巡查与管护、垃圾污水处理、厕所粪污无害化处理、河塘清淤整治、造林绿化等岗位。

加强与各类公共服务主管部门的沟通联系，掌握相关领域招人用人需求，拓展岗位开发范围。

四、协同协力用好乡村公益性岗位，助力脱贫攻坚

加强乡村公益性岗位开发管理部门间的协同配合，定期开展信息共享，汇聚各类岗位力量，助力脱贫攻坚。

充分考虑当地收入水平和岗位职责内容，合理确定岗位待遇水平。指导乡镇、村结合实际开展岗位招聘，将更多的岗位用于安置无法外出、无业可扶、

无力脱贫的建档立卡贫困劳动力。

通过现有资金渠道，加大对现有各类乡村公益性岗位的支持力度，并结合实际实行动态调整。

五、公开公平公正开展岗位招聘

公开发布岗位招聘信息，在网络或街道（乡镇）、社区（村）公告栏发布、张贴招聘公告，注明岗位职责、招聘要求、薪酬待遇、劳动时长、在岗时间等信息。

规范开展人员招用，做好上岗资格认定、人岗匹配和拟招用人员公示等工作，接受社会各方监督。

优化服务方式，搭建信息发布平台，开设招聘服务专区，为公益性岗位用人单位和劳动者提供更加优质高效的求职招聘服务。

六、强化岗位规范化管理

严格开展安置人员身份核实认定，确保依法依规安置符合条件人员，强化相关补贴资金监管。

加强在岗人员履职情况监管，定期开展考核评价，重点考核工作成效、遵守规章制度和工作纪律情况。及时纠正、查处安置不符合条件人员、优亲厚友、轮流坐庄、资金补贴一发了之、变相发钱等违法违规行为，坚决避免一村多岗、一人多岗等岗位设置过多过滥等现象。

强化实名制动态管理，建立省级公益性岗位数据库，做好各类公益性岗位统计分析，按季度报送有关情况。

七、加强组织领导

各地要围绕稳定和扩大就业工作目标，立足职责，密切合作。人力资源社会保障部门会同扶贫部门加强各类公益性岗位统计分析，摸清就业困难人员、建档立卡贫困劳动力等困难群体就业状况和就业需求，会同财政部门做好公益性岗位的就业资金补助相关政策制定。

扶贫部门加大光伏收益、扶贫专项资金开发乡村公益性岗位力度，会同人力资源社会保障部门、自然资源部门、交通运输部门、水利部门、林业草原部门做好各类乡村公益性岗位的统筹利用。交通运输部门做好护路员岗位的开发管理，协同做好岗位招聘与安置人员统计分析。水利部门做好水利工程建设与管护岗位管理，协同做好岗位招聘和安置人员统计分析。各地财政部门会同人力资源社会保障部门、自然资源部门、交通运输部门、水利部门、林业草原部门、扶贫部门，做好各类公益性岗位资金支出使用情况的监管检查。

关爱留守儿童

儿童是国家的希望，也是家庭的希望，正处于身心发育的关键期，那些留守儿童因亲情和家族教育的缺位，很容易受到外界不良思想的诱导，影响他们健康成长。乡村振兴是一个系统工程，当然也包括对留守儿童的关爱。那么，关爱留守儿童应该采取哪些措施呢？

一、地方政府要对留守儿童有所作为

留守问题不是一个孤立的社会问题，与地区的经济发展状况密不可分，因此，各级政府必须承担起关爱留守儿童的主导责任，结合本地情况制定相关配套措施，推动社会、学校和家庭都参与到关爱留守儿童的行动中来，尤其是要发挥县级政府的作用。

《关于加强农村留守儿童关爱保护工作的意见》中要求：县级人民政府要切实加强统筹协调和督促检查，结合本地实际制定切实可行的农村留守儿童关爱保护政策措施，认真组织开展关爱保护行动，确保关爱保护工作覆盖本行政区域内所有农村留守儿童。要求各级财政部门优化和调整支出结构，

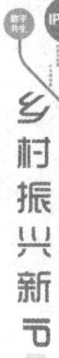

多渠道筹措关爱保护资金。①

比如,湖南邵阳市构建"政府主导、专业介入、社会参与、家庭尽责"的留守儿童和困境儿童关爱保护工作机制,在全市村(社区)建立儿童之家,供孩子们学习娱乐,并由村"儿童主任"、志愿者和村干部轮流值守。

另外,邵阳市还创办了儿童关爱智慧服务信息系统,利用儿童之家的平台,推出"线上+线下"关爱模式,开通"亲情热线"电话,搭建"亲情视频"室,建立起留守儿童和父母的亲情链接。在线下发动社会组织开展家庭教育巡讲、"知心屋"团体心理辅导活动等。

《国家贫困地区儿童发展规划(2014—2020年)》中提出:健全留守儿童关爱服务体系,组织乡村干部和农村党员对留守儿童进行结对关爱服务。②多地积极响应规划要求,做好落实工作。比如,广东创办"农村儿童友好社区",提供家教培训、心理辅导、文化娱乐等关爱服务;深圳施行"家校合作",改变父母习惯用物质补偿代替情感交流的习惯。

二、学校应肩负起关爱留守儿童的责任

乡村教师是直接与留守儿童打交道的群体,国务院于2015年印发了《乡村教师支持计划》,中央财政拿出近23亿元资金扶持乡村教师,目的是为留守儿童留住好的教师。学校和老师应该在学习、生活、心理等方面帮助留守儿童。

在学习上,有些留守儿童基础较差,成绩不理想,学校应在每个班开展

---

① 参见《国务院关于加强农村留守儿童关爱保护工作的意见》(国发〔2016〕13号),国务院,2016年2月4日。
② 参见《国务院办公厅关于印发〈国家贫困地区儿童发展规划(2014—2020年)〉的通知》(国办发〔2014〕67号),国务院办公厅,2014年12月25日。

一对一的帮扶活动，让成绩好的同学帮扶一个成绩差的留守儿童，教师也要抽出时间为留守儿童课后辅导，提高他们的学习成绩。

在生活上，学校要按照政策规定，将家庭困难的留守儿童纳入照顾对象，为留守儿童提供生活补助，让他们能够顺利地完成义务教育。教师平时要多关注留守儿童，在他们遇到困难时，多帮助他们；在他们生病时，及时送医，悉心照顾。

在心理上，班主任要定期与留守儿童交流谈心，了解他们的心理需求，关爱他们的心理健康。平时还要与留守儿童的家长多沟通，让家长了解留守儿童的在校情况，汇报儿童的进步，使家长更加关心孩子、表扬孩子。

此外，学校还应设立亲情热线和教师热线，让家长与子女、教师多进行电话沟通，还应设立"心理健康咨询室"，及时帮助留守儿童解决心理上的困惑。

三、引导、鼓励社会力量参与关爱留守儿童的活动

要解决好留守儿童的问题，在发挥政府主导作用的同时，要引导、鼓励社会力量参与其中。近年来，越来越多的志愿者、专业社工被动员起来，参与到对留守儿童的心理辅导工作中，对临时监护人进行培训，采取多种措施，有针对性地指导帮扶。

当然，要想留守儿童不再留守，最根本的措施还是把父母还给孩子，通过创造更多就业岗位，让更多农民可以在家门口就业。

农村公益教育发展的途径

党的十九大报告指出，农业农村农民问题是关系国计民生的根本性问题，必须把解决好"三农"问题作为全党工作的重中之重，逐步推进乡村振兴战略的实施。

乡村振兴需要人才，而人才的培养依靠教育。乡村教育事业的发展是乡村振兴战略的重要支点，只有实现了乡村教育的全面振兴，才能为乡村振兴提供持久的动力。

由于乡村教育的水平和教育质量与城市教育相比有一定的差距，加之农民的文化素质较低，应大力发展乡村公益教育。

公益教育是指针对不同年龄、不同层次的群体，包括但不限于学生、社区群众、下岗工人等提供的全免费的教育帮扶服务。公益教育可以由政府部门或者民间团队、公益机构、社会组织，也可以由公私立学校和有教育资质的社会组织举办。激发教育公益组织的活力，能有效激活乡村教育的全面振兴。

一、充分发挥教育公益组织在乡村教育项目运作中的作用

教育公益组织在乡村教育项目运作中的作用主要表现在三个方面，分别是优化项目资源配置、打造乡村教育品牌项目以及撬动更多社会资源参与到乡村教育项目中来。

如今乡村教育生态正在逐渐发生变化，教育公益组织也要改变过去外部"输血式"发展模式，积极推动乡村教育内涵式发展。也就是说，要减少传统的自主型项目，增加新型发展型项目，来激发乡村学校的内部潜力。比如，提高教育工作者的教育理念、教育方法等。

教育公益组织在项目运作过程中，要开拓视野，要像企业一样制定目标，并对目标的实现情况进行考核，对项目进行专业化、规范化的评估，让所实施的项目能达到预期效果，真正打造出一批教育公益品牌项目，为乡村教育带来实质性的改变。

除此之外，还要撬动更多的社会资源，让他们积极参与到乡村教育的振兴中来。按照传统的方式，仅凭单一的力量进行援助，很难让乡村教育发生实质性的改变，因此，教育公益组织必须改变过去单打独斗的模式，积极协调政府关系和其他公益资源的投入，采取合作的模式，使合作的主体能够在能力、技术、资源、影响力等方面的优势得以充分的发挥，产生 1+1＞2 的效果，确保援助项目能够顺利实施。

二、教育公益组织为乡村教育作出的贡献

众所周知，乡村教师的质量对乡村教育的振兴起着关键的作用，只有提高乡村教师的质量，乡村教育才能取得进步。教育公益组织通过提高乡村教师的待遇，改善乡村教育的生活、工作环境以及开展各种培训活动等，使乡

村教师岗位更加有吸引力，吸引更多教育工作者来到农村，扎根农村教育，提高乡村教育工作者的职业素养和教学能力，为乡村教育的可持续发展奠定了基础。

教育公益组织也促进了乡村教育主体的现代化。教育公益组织主张从教育原点出发，从乡村孩子的角度来规划教育支持项目，为乡村孩子提供了全人教育。全人教育是指培养"完美和谐的人"的教育或"全人格"的教育，也是人的多方面和谐发展的教育。比如，在课程设计上，除了进行基本的读写、运算课程外，还开展音乐、美术、阅读、体育以及生活实践等课程；在教学课堂上，主张实现教育和乡村生活的链接等。

除此之外，教育公益组织为乡村教育改革带来了新的理念。要改革教育，必先转变教育理念。我国乡村教育落后与当前的"唯分数论"、功利化的应试教育有关，教育公益组织能够针对应试教育带来的负面影响进行反思，并重新定义乡村教育的价值，提供开发乡土文化教育，让教育回归本质，进行全人教育，对教育工作者进行培训，更新教育理念，为乡村教育的理念和教育模式的改革起到积极的推动作用。

开展助农公益活动

农村有很多优质的资源，比如自然资源、人力资源以及农产品资源等，特别是具有本地特色的原生态农产品，虽然东西很好，但是没有销路，也无法振兴乡村经济，改善农民生活。尤其是受疫情的影响，农民很受伤，很多优质的农产品销不出去，农民辛辛苦苦一年，最终所有的努力都打了水漂。

开展助农公益活动，对帮助农民解决困难，振兴乡村经济有重要意义，开展助农公益活动的形式多种多样，最常见的就是电子商务公益助农。

一、电商平台的助农公益活动

近年来，电子商务公益助农活动如火如荼地进行，电子商务公益助农就是通过帮助农村产品脱销，振兴乡村经济的一大举措。目前各大网站、品牌纷纷参与其中，比如，2020年2月，《南方日报》、南方+客户端联合淘宝、拼多多、京东上线南方助农公益平台，随后今日头条、抖音、西瓜视频入驻南方助农公益平台，平台携手六大互联网企业打通农产品销路。

二、电商平台的另类公益

电商平台除了帮助农户打通农产品销路外,还可以走另类公益的路线。

1. 基金+物资抗疫

新冠肺炎疫情暴生后,拼多多努力做好物资保障,并联系各界资源,如与浙江大学共同成立"病毒感染性疾病防控专项基金",专项基金金额为1亿元人民币,公益基金会包括十余位国内传染病、呼吸科疾病防治领域的专家、学者。此次捐赠款主要用于病毒感染及呼吸道传染性疾病防治,尤其是新型冠状病毒疫情支援保障和科学研究等。

2. 对接农产地

受疫情影响,农户的农产品滞销。拼多多是我国最大的农产品上行平台,它充分发挥了自身供应链的优势,采取"点对点物资援助"的物资捐赠方式,将新鲜的蔬菜水果和医用物资通过快递送到有需求的地方。

比如,拼多多筹措100吨新鲜蔬果送往武汉4家医院,满足了医护人员的需求;向黄冈、襄阳等医院捐赠蔬菜水果,用于医护人员和隔离住院的患者。

拼多多这一举措,不仅帮助农户解决了产品滞销的问题,也为抗击疫情作了贡献,可谓一举两得。

三、《人民日报》联合淘宝公益带货直播

为了帮助农民销售农产品,《人民日报》曾多次和淘宝合作开展公益助农活动,比如,《人民日报》新媒体联合淘宝共同发起"为鄂下单"系列公益带货直播,包括林依轮、周深、吴倩等明星都参与其中,上亿网友瞬间秒光湖北农产品。

《人民日报》还与淘宝开办了扶贫专场直播,云南省文山州广南县的八

宝贡米、四川凉山州的金阳青花椒油、新疆喀什的薄皮核桃、甘肃陇南的特产西和粉条等商品，都引发了网友的疯狂抢购。

此外，新华社客户端曾和淘宝联合发起"家乡的宝藏，让电商大有可为"助农直播首秀山东专场。